U0125459

积极的陷阱

如何活出真实的自我

[美] 惠特尼·古德曼（Whitney Goodman） 著
陶尚芸 译

Toxic Positivity

Keeping It Real in a World Obsessed with Being Happy

本书认为，积极性固然好，但是过度滥用反而会造成否定消极情绪的现象，形成有毒的积极性。有毒的积极性是我们可能最终想要实施，但目前无法落实的建议。它通常让我们感到被评判和被误解。有毒的积极性否认我们的消极情绪，并迫使我们压抑它。当我们使用有毒的积极性时，我们在告诉自己和他人消极情绪不应该存在，是错误的，如果我们再努力一点，就可以完全消除它。但事实上，我们的负面情绪可能是我们身体和心理做出的行为调节，是有利于我们的身心健康的，如果过度压抑反而会适得其反。为此，作者认为，我们应该理性看待积极性中有毒的部分，恰当运用积极性。作者从不同角度教我们如何避免有毒的积极性，比如停止羞辱自己，如何支持他人，等等。作者在运用大量案例的同时，详细分析了我们如何避免滥用积极性的具体操作。

图书在版编目（CIP）数据

积极的陷阱：如何活出真实的自我／（美）惠特尼·古德曼（Whitney Goodman）著；陶尚芸译.—北京：机械工业出版社，2022.10

书名原文：Toxic Positivity：Keeping It Real in a World Obsessed with Being Happy

ISBN 978－7－111－71554－2

Ⅰ.①积… Ⅱ.①惠… ②陶… Ⅲ.①人的积极性－研究 Ⅳ.①C936

中国版本图书馆CIP数据核字（2022）第182350号

机械工业出版社（北京市百万庄大街22号 邮政编码100037）
策划编辑：坚喜斌 责任编辑：坚喜斌 陈 洁
责任校对：张亚楠 张 薇 责任印制：任维东
北京中兴印刷有限公司印刷

2023年1月第1版·第1次印刷
145mm×210mm·8.875印张·1插页·143千字
标准书号：ISBN 978－7－111－71554－2
定价：69.00元

电话服务
客服电话：010-88361066
010-88379833
010-68326294

网络服务
机 工 官 网：www. cmpbook. com
机 工 官 博：weibo. com/cmp1952
金 书 网：www. golden-book. com
机工教育服务网：www. cmpedu. com

献给我的丈夫。

无论顺境还是逆境，我都选择你。

本书的赞誉

“这本书将永远改变我——在认可这一点之前，我选择了明智的措辞。惠特尼·古德曼的著作揭示了有益的积极性和有毒的积极性之间的区别。这部开创性的佳作有助于改变大家看待积极性的视角。”

——内德拉·格洛佛·塔瓦布（Nedra Glover Tawwab）

畅销书《界限：通往个人自由的实践指南》

（*Set Boundaries*, *Find Peace*）作者

“本书犹如及时雨……惠特尼·古德曼优雅地将她的个人和临床经验、学术研究和实践建议结合在一起，为我们提供了一剂清新的‘心灵解药’，以消除那些执着于‘积极性’的、看似无害但最终有害的信息。”

——艾莉丝·麦卡尔平（Iris McAlpin）

专业心理创伤咨询师

“惠特尼·古德曼的《积极的陷阱：如何活出真实的自我》是心理自助领域急需的新鲜空气。阅读本书，我们才能充分理解和认可伴随我们一生的常态挑战。”

——托德·巴拉茨（Todd Baratz）

持证心理健康咨询师（LMHC），心理治疗师

“过真实的生活，意味着要面对困难，并在困难中成长，而不是假装一切都很完美，因为事实并非如此。这本

书提供了人们急需的指导方针，让我们诚实地面对自己和他人，成长为‘完整的人’，也成为自己人生中的真实存在。”

——斯科特·巴里·考夫曼（Scott Barry Kaufman）博士
《心理学播客》（*The Psychology Podcast*）主持人，
《超越世俗》（*Transcend*）作者

“终于有一本书可以精确解释‘为什么不惜一切代价的积极性’会适得其反，并教我们如何应对痛苦，而不是假装它不存在。本书是肤浅的流行心理学灵感的解毒剂，它说明了积极思维和感恩的局限性，鼓励我们拥抱生活的起起伏伏，并给我们更多现实和有益的方法来获得积极性。很有趣，不是吗？停止追逐幸福，你可能会变得更快乐。”

——卡洛琳·杜纳（Caroline Dooner）
《真的很累》（*Tired as F*ck*）作者

“如果你曾经因为经历了一段艰难的时期而觉得自己出了什么问题，那么本书会帮助你理解其中的原因。此外，当你看到别人苦苦挣扎时，本书会教你该怎么办。当你爱的人（朋友、儿女、同事、伴侣）遇到困难时，本书会教你如何更好地帮助他们。这个世界在鼓吹，无论生活多么艰难，‘都要看到光明的一面’，而本书就是对此等世界的一种制衡。”

——伊丽莎白·恩萧（Elizabeth Earnshaw）
家庭与婚姻治疗师（LMFT），关系专家，
《我希望这能成功》（*I Want This to Work*）作者

前　言

只有正能量还不够，你值得更好

我敢打赌，你们选择这本书有三个潜在的原因：

1. 你已经受到有毒的积极性的影响，并对它感到厌倦。

2. 你不知道什么是有毒的积极性，但你很感兴趣。

3. 你根本不知道有毒的积极性的毒害有多深，你决心要找到我在本书中“一吐为快”之语。

不管你们阅读本书的理由是什么，我真的很高兴有你们的陪伴。

像许多有抱负的治疗师一样，我进入这一领域是出于当时无法完全理解的原因。我知道，我喜欢帮助别人，我还痴迷于琢磨别人的故事。但后来，我发现（在我的治疗师的帮助下），我之所以想从事这一职业，是因为我认为，如果我学会了关于人际关系和人类心理学的一切知识，我就可以治愈我所爱的每个人，从此不会再感到痛苦了。各位同人和未来的治疗师，我知道，是你们把我带进了心理学王国。

于是，我带着幻想进入了这个领域。我封闭了自己，变得冷酷无情。我想让我的患者学会脆弱，而不必像我这样佯装坚强。我以为我能治愈别人，但没有人需要治愈，他们需要的只是有人倾听和支持。我以为我会是一个无所不知的演讲者，但实际上我只是一个听众。我以为我能理解自己和这个世界，但现在我的问题更多了。我以为我可以改变身边的每一个人，但是我发现我唯一能改变的人就是我自己。我进入这个领域的动机可能有点不对，但是，我很高兴来到这里。

我喜欢做一名治疗师，在同事中我总觉得有点不自在。我从来没有做过冥想、瑜伽之类的治疗师。我的嗓门太大，我不穿羊毛衫，我讨厌墙上的一切“励志名言”。我试着让自己温柔一点。我尝试了一切自我肯定和心理干预方法，鼓励患者“接触自己内心的那个小孩，并表现出关爱”，但我做不到。这是我在阅读大多数心理自助书时的感受。这类书籍给人的感觉都很柔和。我希望有人能实话实说。作为一名新治疗师，我经历了一些身份危机，直到我以“@ sitwithwhit”用户名在 Instagram（照片墙）上发表自己的想法，我才意识到自己的表现方式是有价值的。

2019 年 2 月 1 日，我在 Pinterest 上浏览，看到很多心理自助和励志名言被分享了数千次。鲜艳的颜色和古怪的字体让我恼火。就这么打发那些弱不禁风的人们，我真为他们担心。我在 Pinterest 上建立了一个公告板，上面写着令我烦恼的快乐箴言和励志名言，多年来我一直在收集这些语录。同一天，我在 Instagram 上分享了我的第一张图表，列出了 Pinterest 上的一些语录，称它们是“有毒的积极性”，并提供了一些我认为能提供更多认可和希望的替代表述。这是我的第一个“病毒性”帖子。在分享了这张图表之后，我的粉丝数成倍增长。我震惊于这么多人同意我的观点，以及“有毒的积极性”这一短语居然引起这么多共鸣。这也是我第一次在网上面对那些反对者的严厉批评和反驳。在过去的几年里，我一直在写一些关于悲伤和其他重要话题的“有毒的积极性”帖子，它们是我迄今为止最受欢迎和最具争议的帖子。我知道我觉察到了一些东西，但从来没有想象过这个话题会引起多少共鸣。

“有毒的积极性”是我早就意识到的东西，但我还没有给它取名字。我从小在自己家里看到它，在社交媒体上看到它，在宗教仪式上看到它，在学校里看到它，最终作为一名治疗师，在我的患者面前看到它。我留意到，我们都在为它做贡献，但在私下里，每个人都告诉我，他们讨厌它。我也这么做了，我觉得我必须参与其中，否则别人会说我“自带消极性”。所谓的积极性已经融入我的职业和个人生活，一旦我注意到它，就很难把目光移开。

我可能刚注意到这个现象，但事实是，它已经存在几个世纪了。萨拉·艾哈迈德（Sara Ahmed）、奥德雷·洛德（Audre Lorde）、芭芭拉·埃伦里奇（Barbara Ehrenreich）、加布里埃尔·厄廷根（Gabriele Oettingen）和贝尔·胡克斯（Bell Hooks）等学者、记者和研究人员长期以来一直对人们对幸福的不懈追求持批评态度，并充分揭示了这种追求在世界各地的破坏性，尤其是在边缘化人群中。这些专业人士的作品有助于我理解有毒的积极性如何变得无处不在。尽管有大量的研究表明，在各种情况下，积极性并不管用，但自助社区依然继续推动积极性和追求幸福的每一个环节。我想找到一种方法，让这项研究走出学术象牙塔，进入现代世界。

我的患者和我的个人生活是本书的真正灵感来源，也是它诞生的原因。这份工作让我有幸坐在一个没有任何干扰的房间里，每天都能深入剖析别人的心思。这是一次独一无二的经历，它教会了我很多关于生活、世界和人性的东西。每个患者都在某种程度上改变了我。我在心墙之内目睹且会继续见证人性、挣扎和毅力，为此我永怀感激。我从身为治疗师的岁月中收集了不同的故事，并将它们与积极思维、情感、人际关系和动机的相关研究结合起来，从而帮助你们理解积极性如何变得“有毒”，以及如何切除这个思想毒瘤。为了维护我的患者们的隐私，本书中所有的身份信息都已更改。我希望这些故事能让你感觉不那么孤独，让你知道有多少人和你有同样的感受。

本书的内容是我多年来一直在办公室和 Instagram 上写的。它是诚实的、真实的、非虚构的。本书旨在指导那些想知道如何支持自己和他人的读者。它适用于那些在工作中、在家里、和朋友在一起及在社交媒体上假装快乐的人。他们厌倦了常常被强加在自己身上的积极性，也厌烦了被告知“万事皆有因”的日子。我写这本书，是为了无法实现完美生活的人们，也是为了有太多感情和想法的人们；是为了我自己，也是为了你们。

快乐和积极思维已经成为一种目标和义务。我们动不动就被告知，我们需要感恩或更加积极。如果你的生活出了什么问题，那是因为你“态度不好”或“不够努力”。我很敬畏那些有毒的积极性，它们已经渗透到我们生活的方方面面。我们在工作场所、在家里、在人际关系中都能看到。它也是维持我们的偏见的强大力量。它真的**无处不在**。

我梳理了我们所知道的关于积极思维的历史，以及关于我们如何做得更好、生活得更好的研究。我希望本书易于阅读和理解，同时又非常实用。本书共有九章，每章都讲述了不同患者的故事和他们与有毒的积极性之间的关系。如果你想全面了解有毒的积极性、它是如何影响我们的、我们应该怎么办，我建议你把本书从头到尾读一遍。如果有人想学习如何操作，可以直接跳到讲述具体需求和经历的章节。

“积极思维”已经被包装成了治疗我们的一切问题的良药。从保险杠贴纸上的“只要正能量”，到 Instagram 上设计精美的、自我肯定的滚屏语录，到印有“生活很美好”的 T 恤，再到承诺“你离幸福只有一个积极想法的距离”的大师，我们总是被告知“看到光明的一面”会帮助我们避免经历困难和感受困难。本书可能会让你感受到快乐、幸福或正能量之外的东西。它可能会让你了解一些习惯或短语，而这些已经成为你日常语言的一部分。这可能会让你感到不舒服。我希望它能让你重新思考你可能以幸福的名义压抑自己的一切情感和需求。我希望这能让你想一想，为了追求“只要正能量”的美好感觉，你是怎么让自己变得渺小和悦人的。我希望它能帮助你表达自己的需求，并且发展人际关系，而不仅仅是一段美好的时光。

如果本书能让你容纳生活中的善、恶、丑，那我的任务就完成了。

目 录

章首语：

只要积极就好！

如果积极性真的那么简单或有效，我们都会保持积极思维。让自己去体验“做人”的意义——无论是好人还是坏人。

第一章

什么是有毒的积极性

我猜你刚丢了工作。你处于极度恐慌状态。你的大脑在飞速运转，你却不知道接下来要做什么。

你决定和朋友分享你的苦恼。他们会朝你微笑，看起来正激动地要告诉你一件大事。这就是你现在需要的认可吗？也许他们知道有一个很好的工作机会。你看着他们烦躁不安地从内心深处寻找智慧，然后对你说："至少你现在有这么多时间休息！还算不错了。想想你能从中学到多少。"

有毒的积极性已经正式进驻你的内心。

你冷下脸来开始思考：他们真的在听我说话吗？我真的应该为自己刚丢了工作而感激吗？

你不知道接下来该怎么办。如果你不心存感激，那你又该如何回应呢？你已经很紧张了，现在这段对话让你感觉完全被误解了。所以，你保留自己的感受，应付道："好吧，谢谢。”

现在你不仅失业了，而且觉得和你的朋友疏远了，还得为你不能看到“光明的一面”而感到羞愧。

他们只是想帮忙

听着，他们可能是出于好意。他们说得没错——你现在会有更多的时间休息，当然，这还算不错了，而且你可能会从这次经历中吸取一些教训。

问题是，你还没到那一步，你还在担心和不安。你害怕。你的身体和思想处于完全的危机模式，任何安慰人的陈词滥调都无法改变这一点。你真正需要的是支持和空间来整理你的感觉。

“有毒的积极性”是我们可能想要整合但目前无法整合的建议。相反，它通常会让我们感到被评判、被误解。

听起来耳熟吗？

积极性不总是好事

你可能经历过上百次这样的互动。你可能会想：积极性怎么可能有毒呢？这个词用得太重了。真有那么糟糕吗？

说实话，积极性是我们文化中不可或缺的一部分，挑战它让人感到害怕。当我继续研究和写关于积极思维的文章时，我一直担心，在讨论该话题的时候，有人会误认为我“自带消极性”。每次我试图抵制“只要正能量”的文化，总会遭遇一些愤怒、震惊和困惑的人。我的收件箱里充斥着各种评论和留言：“积极性怎么可能有毒呢?!你真是疯了!”

我明白了，这认可了我们对积极性文化的全情投入。我们被告知这是幸福的关键，医生、治疗师和领导经常开这种“心灵处方”。你完全可以质疑任何跟你说不同意见的人。但在私下里，我的患者、朋友和家人多年来一直在告诉我，他们是多么鄙视那种“把一切都往好的方面想”的持续压力。他们觉得自己与那些告诉他们“一切都会好起来的”和“看到光明的一面”的同龄人脱节。他们知道这行不通，他们迫切需要寻求新的方法。

所以，在我们开始之前，我先澄清一件事：积极性并不都是坏事。

如果使用得当，积极性就很棒。专家们一致认为，像感恩、满足、乐观和自信这样的积极思维可以延长我们的寿命，改善我们的健康。这些说法大多言过其实，但积极思考是有价值的。那些拥有积极性的人更有可能拥有丰富的社交生活，更加积极主动，参与更多促进健康的行为。我想我们都同意，当积极性来自真实的内心时，它就是健康的。

但在这个过程中，我们形成了这样一个想法：做一个积极的人意味着自己形同一个机器人，必须看到一切事物的好处。我们要强迫自己保持积极乐观，因为社会告诉我们要这样做，否则就是个人的失败。我们将消极视为敌人，当我们及身边的人屈服于消极情绪时，我们就会自我惩罚。如果你不积极，那你就是不够努力；如果你不主动，那你就是一个累赘。

健康的积极性意味着为现实和希望留出空间。而有毒的积极性意味着否认一种情绪，并迫使我们压抑它。当我们使用有毒的积极性时，我们就是在告诉自己和他人，这种情绪不应该存在，它是错误的情感，如果再努力一点，我们就可以完全消除它。

健康的积极性意味着为现实和希望留出空间。

我知道，人们已经厌倦了在挣扎的时候被强加在他们身上的积极性，但真要公开地面对它并质疑它，感觉就像我们要面对一个极其庞大而又无孔不入的东西。

其实，这也没那么可怕，去做就是了。

假装乐观的人会羞愧

话说，你丢了工作，而你的朋友只是告诉你，你不应该难过。“至少……”从他们嘴里说出来的那一刻，谈话就结束了。没有更多的空间来处理你的情绪和思维。不管你是否准备好了，你都被拉进了乐观主义的世界。所以，你封闭消极情绪，试着去弄清楚，到底怎样才能变得更加感恩戴德和积极乐观，不要因为自己的压力、忧虑或羞愧而给别人带来不便。

这种看似微不足道的互动会让你开始压抑自己的感觉，表现得好像什么都没发生一样。你感觉不太好，你还在伤心，你依旧在失业。但是，每当一种情绪出现，你就把它封存起来。你决定假装乐观，直到变得乐观起来——可惜行不通。你的睡眠越来越差。你不想和别人在一起，因为那样你就得假装乐观，而且你会因为太紧张而不敢向别人寻求建议。你不再谈论困难局面，而是在你的 Instagram 上发布积极向上的名言，并希望自己的情绪能有所好转。

于是，我们陷入了有毒的积极性的羞愧“漩涡”。我们为自己萌生一种感觉而生气，我们告诉自己，我们不应该有这种感觉，然后，当“只要微笑面对就好”之类的陈词滥调不能给我们带来无穷无尽的正能量时，我们又会恼羞成怒。这是一个永无止境的、吸食灵魂的漩涡，我想帮大家脱离这片心灵苦海。

有毒的积极性就是否认消极情绪

作为一名治疗师，我每天都在听人们谈论他们的情绪和经历。这种类型的工作让我看到了人类的经验，这是你在其他任何地方都无法获得的。大多数会话都围绕着“应该”这个词。人们觉得他们**应该**更快乐，或者他们正在做的事情阻碍了他们的快乐，所以他们马上跳回有毒的积极性的羞愧“漩涡”。在这种情况下，我帮助人们审视“应该”的意义。他们从哪里学来的？是真的吗？是基于事实吗？他们能以一种不同的、更微妙的方式看待这种情况吗？其他人（比如下文中的戴夫）则用积极性去否认消极情绪的存在。

戴夫坐在我对面的小沙发上，满脸笑容。他分享了他的感觉和他美好的家庭。他说他真的很快乐；他所需要做的就是再努力一点。这段对话在其他任何情况下都很正常，也很有希望，但戴夫和我是在一家心理健康机构会面的，他在这里接受治疗，并等待进一步治疗的通知。他来这里是因为他喜欢喝酒，他身边的一些人认为他已经失去了控制。戴夫告诉我，他喜欢喝酒，因为他是一个快乐且喜欢社交的人。他认为这没有任何问题，并认为他周围的每个人都是扫兴的人。喜欢社交的人不都爱酗酒吗？

戴夫总是面带微笑。看着他在诊所里蹦来蹦去，却能置身于那些忧郁、沉思、外表痛苦的患者中间，我感到困惑，有时甚至感到不安。他喜欢把积极思维作为一种应对技巧，并为自己总能表现出快乐而感到自豪。可惜，他总是喝得酩酊大醉，无法体验情感，缺乏亲密关系，这些都向我透露了一个完全不同的过往。事实上，他的积极思维已经成为我们治疗和他康复过程中的一个大问题。

戴夫的"一切都很好"的生活态度，让他苦苦挣扎于情感的表达。这并不像你想的那样不寻常。他无法接触到任何不积极的感觉。每当事情变得太沉重时，他就会封闭消极情绪。我能看出他通过喝酒来处理这些情绪。戴夫在这种关系上遇到了麻烦。因此，我们真的不能处理他过去的任何事情，也不能计划他未来的精神健康问题。让他接受自己酗酒不可取的事实，更是难上加难。他相信任何挣扎都会自我消化，没有什么是积极的态度解决不了的。积极思维已经成为戴夫的盾牌，除非他自己主动学会放下，否则几乎不可能有所改观。

我的那些生活充实的患者是那些能够挑战情绪的人。他们不会只是脸上挂着微笑。他们会克服任何羞耻心理，努力到达另一个境界。当我们知道我们注定要体验各种情绪且无法逃避情绪的根源时，我们就更容易进入乐观的状态，因为我们知道我们可以处理任何发生在我们身上的事情。

积极性如何变得有毒

以下几种情况就是积极性有毒的根源：

- 在谈话中，有人在寻求支持、认可或同情，却得到了一句陈词滥调的回答。
- 羞辱别人，让他们觉得自己做得不够，工作不够努力，或者他们的消极情绪站不住脚。
- 为自己不够快乐或不够积极而感到羞愧。
- 否认我们的现实。
- 让有合理担忧或疑问的人闭嘴，或者对他们进行心理操控。
- 告诉人们，他们生活中的所有坏事都是他们的错。

从本质上讲，有毒的积极性既是用心良苦，又是不屑一顾。我们常常用它来：

- 结束谈话。
- 告诉别人为什么他们不应该有这种感觉。
- 让人们相信他们可以一直快乐（如果他们足够努力

的话)。

- 总是显得积极乐观和无忧无虑。
- 否认或避免我们当前的处境。
- 避免承担责任。
- 试图让人们感觉更好。

真实性很重要

我坚信，我们使用陈词滥调是因为我们想帮忙。我不认为有人真的想用积极的语言去伤害别人。这就是为什么“有毒的积极性”的概念会如此引人关注。这不禁让人反问：“我只是想帮助别人，积极性怎么可能有毒呢？”

在危机或痛苦的时刻，真诚和真实是很重要的。我们就是这样出现在对方面前，证明我们在倾听，我们也听明白了。你不可能在任何时候都对每个人这样做，但是你可以在重要的时候这样做。当我们真诚地表现出来，而不是使用有毒的积极性时，我们会重新认可对方正在经历的事情是真实的，我们正在感同身受，而不是粉饰或否认他们的经历。你可能不完全同意他们的处理方式或他们对目前情形的解释，但你会真诚地尝试与他们建立联系，并且陪伴在他们身边。你的意思是，让他们出来坐坐，你会靠近他们并聆听他们的心声，当然是以安全的方式聆听，不要违反你的边界感。

还记得你失业时，那个想安慰你的朋友吗？他们用的是有毒的积极性，当他们说“至少你现在有这么多时间休息！还算不错了。想想你能从中学到多少”时，他们当然不是想伤害你。积极的语言不是我们当场编造出来的，它在我们心中根深蒂固。我们从小就习惯于一遍又一遍地重复这些短语，并且从小就听到别人这么说。我们相信积极性最终会奏效（即使我们认为它对我们没有帮助）。同时，我们害怕承认积极性不奏效，因为我们已经听到太多次了。你的朋友不是坏人，他们只是在重复无数自助书籍、社交媒体誓言、朋友和家人告诉他们的话。

问题是，不管意图如何，语言的遣词造句都很重要。它影响着我们如何看待自己和世界。我们选择的词汇会改变我们的大脑，并深刻影响我们与他人的关系。如果我们想要与他人进行有效的沟通，让他人感受到大家的支持，就必须首先了解他们生活的世界。当我们使用有毒的积极性时，我们更专注于说我们“奉旨”要说的话，而不是真诚地倾听、关怀和了解处于困境中的人。

大多数积极的“行话”缺乏细微差别、同情心和好奇心。它以笼统的陈述形式出现，告诉人们如何去感受，以及他们现在的感觉是错误的。这两点直接暗示了积极性并不能提供心灵上的帮助。如果你真的想帮助别人，我肯定你不希望他们感到难过。当有人在分享脆弱的事情、谈论自己的情绪或试图描述困难时，这样的陈词滥调尤其有害。

当涉及使用积极的语言或正能量语录时，其影响力取决于你使用它们的时机、你的听众和正在讨论的话题。

掌握节奏

我们总是急于乐观，因为我们真心希望人们感觉更好。我们希望只要我们说对了话，他们的痛苦就会消失。我们也自私地希望我们的话能奏效，这样我们就可以远离困难的话题，避免和苦苦挣扎的人一起痛苦。我想你会承认，和哭哭啼啼的、痛苦沮丧的人坐在一起是很难受的事儿。你只是想让一切变得更好。

不幸的是，安抚节奏太快可能会导致各方都失望。这可能会让我们安慰的人感到沉默和羞愧，也常常让我们感到无能为力。

时间就是一切，在鼓励别人往好的方面想之前，重要的是要记住：

- 时间并不能治愈所有的伤口。人们处理事情的速度不一样，但他们可以决定自己在愈合过程中的位置。
- 当经历痛苦时，每个人的反应都不一样。如果他们的反应没有危及生命或直接对你或需要保护的人（如孩子或老人）造成伤害，你就可以暂时任凭他们感受痛苦。你无须处理。
- 人们往往需要接受现实，然后才能继续前进。
- 并非所有情况都有一线希望或积极的一面。有些事情真的非常难，但也无妨。
- 看着别人痛苦，是很难受的事儿，同情一下自己吧。

有些时候，尽量避免使用陈词滥调：

- 当有人为某事哭泣，或者深陷消极情绪中的时候。
- 事件刚刚发生的时候（比如某人刚刚被解雇）。
- 在葬礼上或者某人快死的时候。
- 当有人告诉你，他们只是想让你倾听的时候。
- 当有人告诉你，他们不需要建议的时候。
- 当悲伤的事情真的发生的时候。
- 当你不完全理解正在发生什么的时候。

你的听众

不管你的意图是什么，都不能决定你的话语的影响力。接受你支持的人可以决定你那些老掉牙的积极的语录是不是有用。这就是考虑你的受众如此重要的原因。

每当我要求我的团体分享他们体验的有毒的积极性时，许多回应涉及上帝或宗教。像“他们现在与上帝同在”或“这都是上帝计划的一部分”这样的例子充斥着我的收件箱。这是为什么要考虑听众是谁的完美例子。宗教和信仰可以给一些人极大的支持，而对另一些人则完全没有用。当我们用自己的价值观或宗教、信仰去支持别人时，我们并没有考虑我们的听众是谁。相反，我们接受对自己有帮助的东西，并假设也会对我们的听众有帮助。

当我们与抑郁症患者交谈时，也得考虑听众是谁。大多数抑郁的人想要快乐。他们知道实现目标有多么困难，并且不断地被提醒实现目标是多么具有挑战性的事情。当我们告诉抑郁的人“快乐就好”时，我们并没有考虑我们的听众是谁。我们把他们每天的战斗看得很平常，让挣扎看起来很简单。如果他们可以只要“快乐就好”，他们现在不是已经这么做了吗？如果真有这么简单，美国就不会有这么多的抑郁症患者了。

你支持的人可以决定他们希望得到什么样的支持，而你可以决定自己是否愿意并能够提供这种支持。你必须考虑到自己对他们目前的处境或挣扎的了解，并对此保持敏感。

因此，你需要考虑以下问题：

- 此人有没有告诉过我，他们喜欢得到他人的支持？
- 我问过他们希望得到什么样的支持吗？
- 当我使用老掉牙的积极的语录时，他们通常反应良好吗？他们是说“谢谢”，还是说对他们很有用？他们看起来好点了吗？
- 每当我使用这些陈词滥调或试图鼓励某人变得更积极时，是不是貌似谈话就结束了呢？

重要的是，你要了解你的听众及他们喜欢你提供怎样的帮助。如果有疑问，那就大胆问！这会让你成为最好的支持者。

难受的话题

有些话题对很多人来说是非常痛苦和沉重的。我的研究和工作表明，有毒的积极性和陈词滥调对以下话题和情况尤其没有帮助，甚至是有害的。

- 不孕不育和流产。
- 巨大的丧亲之痛。
- 疾病与残疾。
- 浪漫关系中的挣扎。
- 家庭与家人隔阂。
- 职业困境或失业。
- 外表或长相。
- 经历创伤事件之后。
- 怀孕和育儿。
- 种族主义、性别歧视等不同类型的偏见。
- 心理健康问题。

这些都是很难受的话题。它们非常个人化，还很有层次感。谈论这些话题并不像抱怨排长队或脚疼那样简单。这些难题震撼了我们的心灵，也暴露了我们的脆弱。我们必须用不同的敏感度来处理我们自己的弱点和他人的烦恼。这是情绪处理至关重要的地方，必须加以鼓励。当你了解到这些烦恼需要自己直面的时候，如果你觉得自己很想说些陈词滥调，请你暂停，转而关注当下的深层情感，试着从接受和支持的角度做出回应。

过度的积极性会伤害我们

积极思维往往是伤口上的创可贴。它非但没有帮助，反而会导致情绪压抑，这对我们的身体、思想、人际关系和社会都是毁灭性的打击。有证据清楚地表明，情绪抑制是无效的、费力的和不适应的。它会导致情绪恶化，对社会交往产生负能量和持续的消极情绪，甚至减少正能量。情绪压抑对我们的身体健康也有重大影响。不管你压抑什么样的情绪，积极的也好，消极的也罢，这种压抑行为都会给身体带来生理压力。研究表明，它会影响血压和记忆力，增加患糖尿病和心脏病的风险。

从更广泛的意义上来说，“只要正能量”的共鸣文化对我们的人际关系和社会都是有害的。当我们强调某些情绪“不好”时，我们就会错过脆弱的心灵带来的亲密感。可悲的是，积极性经常被用作削弱某些群体体验的武器。当我们说“我们就不能彼此相爱吗”之类的话语时，为了应对歧视，我们否定了边缘化人群每天所遭受的真实经历。在这些情况下，有毒的积极性把一切责任都推到了个人身上，而不是归咎于那些隔绝积极思维的制度和机构。

常见的例子和伤害的根源

人们给我发送了成千上万条信息，说那些名言对于苦苦挣扎中的他们毫无价值。既然我们知道了这一切都与安抚节奏、听众和话题有关，让我们分析一些关于有毒的积极性的典型例子，以及积极性在各种情况下都没有帮助的原因吧。在接下来的段落中，我们将讨论你可以转而选择做什么或说什么。

“生活永远不会给你无法承受的苦难。”

坏事不会发生在人们身上，因为人们能处理好。有些人在那个时候不够坚强，不能承受抛向他们的苦难，这没关系。当我们这么说的时候，我们是在暗示每个挑战中都有一个教训，人们天生来就要面对特定的挑战，人们最好能应付自如。

“你会没事的。”

告诉处于恐慌或震惊状态的人“他们会没事的”，这既不能令人信服，也不能让人感到安慰。它通常并非基于事实（你怎么知道？“没事”到底是什么意思？这也太主观了吧？）。于是，对话很快就结束了。

“不要哭！”

我们经常这么说，因为我们不喜欢和情绪化的人坐在一起。哭是有益的、正常的，也是被允许的。告诉别人不要哭，意味着他们所作所为是错误的，并怂恿他们压抑自己的情绪。

“只要微笑面对就好！”

在别人难过的时候告诉他要微笑，他会很痛苦。在别人苦苦挣扎的时刻强迫他快乐，就是在压迫他。

“你有太多值得感激的事情！”

我们可能会感到不安，同时也对我们所拥有的心存感激，但这让我们在挣扎的时刻感到轻蔑和保持缄默。

“时间能治愈一切创伤。”

时间不能治愈所有的伤口。在某人对某事非常不满意的时候告诉他这些，可能对他来说这是漠不关心和羞辱的表现。只有他们才能决定什么时候痊愈，有时候我们做不到“共渡难关”。

“快乐就好/乐观就好！”

如果真这么简单，我们都能做到。这简化了一个非常具有挑战性和复杂的情绪调整过程，尤其是当面临严重的心理健康挑战时，更不可取。

“至少不是……”

任何前面有“至少”的东西都是最小化的。比较痛苦是没有用的。（“至少你没死，对吧？”这话有用吗？我认为没用。）

“你的态度决定一切。”

这是对现实的过度简化。许多研究表明，一个人的成功取决于一系列因素。他们的态度是一个重要因素，但不是一切。

“对过去的教训心存感激。”

在某人经历过创伤性事件之后，你说这句话尤其有害。不幸的是，我经常看到有人在某人遭遇虐待之后说这句话。是的，我们最终会从挣扎中吸取教训，但这并不意味着我们要感激这个教训。因为这通常代价太高。

“还算不错了。”

真的，不算很好。这种说法最小化了受苦之人的痛苦，同时也告诉他们，他们的痛苦是没有道理的，因为不是“最糟糕的”。

“消除你生活中的一切消极情绪！”

没有消极情绪的人生就是没有学习和成长的人生。如果我们把所有消极的人或经历都从我们的生活中剔除，我们最终会孤独终老，并且心智发育迟缓。

“永不放弃！”

在某些情况下，放弃是非常勇敢或必要的。这并不总是意味着人们软弱或无法处理难题。这通常意味着他们足够坚强，知道什么时候该走开。

“万事皆有因。”

这句话对经历了创伤性事件或损失的人来说是非常有害的。有些事情的发生并不是有原因的，或者原因并不明显。告诉别人，他们遭遇攻击、失去孩子或患病“都事出有因”，可能会让人非常困惑和不屑一顾。

这些说法都没有给我们机会去分享或更深层次地了解发生了什么。它们都没有为情感表达或人际关系腾出空间。这些话很漂亮，但也很空洞。

积极思维的兴起

积极思维被当成解药出售并不是什么新鲜事儿。今天，我们只要正能量，只要保险杠贴纸，只要心理自助大师告诉我们要快乐，但我们已经喝了几个世纪的酷爱（Kool-Aid）[㊀]饮料了。

我们今天在西方看到的积极思维在很大程度上是对世界其他地区众多健康传统的随机适应和结合，这对我们是个“新世界”。当然，现在我们知道这个世界并不完全是“新的”，因为很多人已经住在这里了。

大多数来到“新世界”的人都是加尔文主义者。他们相信所有人都是有罪的，而上帝是唯一能把他们从罪恶中拯救出来的人。谁会被拯救已经是注定的了，所以你也无能为力。懒惰或者享乐被认为是一种罪恶。他们希望你不断工作，希望你也是被上帝选中的人。加尔文主义没有传达出“新世界”想要的鼓舞人心的信息。

人们在新思潮运动中找到了他们所需要的东西。新思潮运动被采纳为一种给人们希望和提高士气的方式。这更令人振奋，而且让人们完全忽略了他们当前的处境。信仰者们提出，如果人类能获得精神的无限力量，他们就能控制精神世界。这个想法很吸引人，因为它给了人们比加尔

㊀ Kool-Aid 是一种人工合成的果味饮料的品牌。但在美国，drink the Kool-Aid 是句俚语，表示毫无条件、不加置疑地盲目信任或追随某个观点或事物。——译者注

文主义更大的权力和对自己生活的控制权。一个更积极、更乐观的新世界正在形成，在那里，追求幸福是人们所期待的，也是必需的。不幸的是，除了这个新的世界观之外，世界还没有发生任何变化。

“新思潮之父”菲尼亚斯·帕克赫斯特·昆比（Phineas Parkhurst Quimby），在19世纪将积极思维提升到了一个新的高度。昆比认为，所有的疾病都起源于心灵，是由错误的信念引起的。如果有人能与自己的“心灵”合二为一，利用外在的力量，他们就能治愈自己。在19世纪，传播一种新的科学思想相当容易，而且这种理论无须经受严格的科学检验。但是，这个信念今天仍然存在于《吸引力法则》（*The Law of Attraction*）的许多文本和各种不同的治疗团体中。玛丽·贝克·艾迪（Mary Baker Eddy）是昆比的一个患者，她继续宣扬疾病的根源是人类思想的观点。她认为疾病或欲望并不存在，只是“暂时的错觉”。昆比用这个理论来解释为什么世界上会发生坏事，并强调为什么必须避免消极情绪。

在19世纪，积极思维随着心灵治愈运动而继续发展，并强调正能量和信念的治愈力量。威廉·詹姆斯（William James）是一位美国心理学家，也是心灵治愈运动和新思潮的狂热拥护者和信徒。他不完全理解精神疗法是如何起作用的，但他对这种创新的思维方式和世界观印象深刻。不过，他也提出了自己的不同想法，实际上他是第一个意识到有毒的积极性的人。虽然他同意新思潮有助于抵消加尔文主义的压抑本性，并为更积极的思考和生活方式铺平道路，但他意识到这种新的信仰完全避开了悲剧的现实。詹姆斯指出，它只适合“心灵健康之人”，只提供了一个临时的解决方案。他也认识到，告诉抑郁和受压迫的人“只要微笑面对就好”，无视压迫他们的体制是多么残酷。詹姆斯发出的信号是，我们正接受一种有毒的积极性文化，但没有人听得进去。人们听到的都是，他们只要改变自己的想法，就有可能控制一切，得到他们想要的一切。大多数人无法抗拒这种契机——过去不能，现在也不能。

随着新思潮的传播，它已渗透到医学界，被用来治疗身体疾病。显然，这种方法对传染病没有效果，但人们仍然相信，如果一种疾病无法治愈，那么它就不是“真实的”，而只是为了引起注意，抑或是逃避家务或社会义务。请记住，在那个时候，人们认为女性注定会患病，而治疗大多数疾病的首选方法是在黑暗的房间里躺上几个星期。我们可以通过更加积极的态度来对抗某些疾病的观点一直持续到今天。

随着新思潮运动的兴起，重大的科学和医学进步开始涌现，细菌致病论取得了进展。这迫使新思潮的信徒将他们的注意力从健康转移向了财富和成功。当美国人以财富和繁荣的名义统治新的领土和群体时，他们对权力的痴迷开始增长。拿破仑·希尔（Napoleon Hill）的思维和致富理论迅速成为20世纪30年代积极思维的圣经。希尔提出了一个公式，如果严格遵循，将导致读者“对金钱的欲望白热化”。这个公式显然不是艰苦工作，但如果做得不对，“你会失败的”。这时我们开始看到，一种文化对权力和积极性的固恋。这种痴迷在今天的工作场所仍然是一种常态。

“积极思维”现在成为很多人的信条。加尔文主义关注人们的思维和感觉是否有罪恶、懒惰或自我放纵的迹象，而积极思维则不同，它鼓励人们监控消极想法。1952年，诺曼·文森特·皮尔（Norman Vincent Peale）推出了《积极思考就是力量》（*The Power of Positive Thinking*）一书，进一步巩固了宗教与积极的关系。这本书堪称出版界的奇迹，在《纽约时报》畅销书排行榜上停留了186周。它成为第一本现代指南，为那些想要改变自己生活的人提供指导，也成为成千上万种心理自助书籍和大师们开启职业生涯的基础。

优生学在20世纪早期也非常流行，这要归功于查尔斯·达尔文（Charles Darwin）。根据达尔文的理论，情绪表达和情绪自我控制是“高级”物种和“低级”物种之间进化差异的关键标志。幸福、乐观和自我控制是进化优势的缩影。达尔文认为，与精神疾病相关的消极情绪是软弱的迹象，并提出了摆脱高度抑郁或愤怒之人的方法。他的适者生存的逻辑意味着，任何表达消极情绪或几乎无法控制情绪的人，都会减损他人的幸福感。这些理论被用来维持普遍的社会秩序，导致许多人，包括身体和精神残疾者或病人、酷儿[㊀]和变性人及其他边缘化群体的死亡、被孤立和被谴责。赞同达尔文关于情感健康理论的人们相信，如果他们能消除任何可能导致负面结果的人或事，繁荣和幸福就会得到保证。

心理学领域也开始转向对幸福的追求。两位著名的心理学家，约翰·B. 华生（John B. Watson）和G. 斯坦利·霍尔（G. Stanley Hall），提出了一个普遍的乌托邦愿景，在那里人们将永远快乐和富有成效。这是一场针对消极情绪的战争，矛头指向了那些经历并诱发消极情绪的人。华生在他的核心教材《心理学：从行为主义者的标准来看》（*Psychology*：*From the Standard of a Behaviorist*）中指出："心理学的主要目标是培养出心智健全且不曾缺失愤怒感、

㊀ 指非异性恋或不认同出生性别的人。——译者注

恐惧感、依恋感的健康个体。”人们普遍认为自己可以通过思考摆脱某种情绪，最终通过思想控制自己的命运。如果一个人不能做到这一点，他们就是弱者，需要与强者分开。

今天，我们拥有一个价值数十亿美元的积极思维产业，包括会议、书籍、支持小组、励志演讲者等。积极思维已成为自助行业的基石，并经常受到全球各地人们的鼓励和赞扬。自助大师、治疗师和教练不断地告诉我们，只要有一个积极的想法，我们就能过上更好的生活，而如今市场上有许多关于积极思维的书。像《秘密》（*The Secret*）和《吸引力法则》这样的国际畅销书已经成为积极思维、富足、财富和成功的代名词。书中建议，你可以在生活的各个方面使用积极思维的力量，包括你的财务、健康、人际关系和职业。与加尔文主义类似，积极思维鼓励我们毫不留情地监控自己的消极思想，并始终保持警惕。书籍、讲义、经文和不断的自我评价，都是对抗真正的敌人（消极情绪）的首选武器。

多亏了广泛出版的文学作品和专业认可，对积极思考的推动已经渗透到我们生活的方方面面。积极思维期望我们在工作、家庭、人际关系和面对悲剧时都能快乐。积极的身体运动期望我们对自己的身体保持正能量。有人会问：“为什么我们不能好好相处呢?”他们还告诉我们，在歧视和不平等现象猖獗的情况下，我们要“彼此相爱”。积极的态度已经成为残疾人或人们战胜疾病的选择方案。教室、医院和工作场所到处都张贴着海报，敦促我们在一切事物中寻找意义和快乐。现代化的办公室里摆满了乒乓球桌和明亮的沙发，似乎在要求“你们要在这里玩得开心点儿”。我们浏览了无数的正能量名言、笑脸和乐观的社交媒体标题。大师和励志演说家把我们缺乏进展归咎于我们的消极思维。

做到快乐和假装快乐的压力之大，真是前所未有。

做到快乐和假装快乐的压力之大，真是前所未有。我们必须找到一线希望、一个积极的转变、一个很好的理由。把所有消极的人从你的生活中赶走，因为他们会让你失望。多笑笑。只要正能量就好。生活、欢笑、爱！我给你带来光明和爱。人们用一些奇怪的草书字体表达“感激”（#Grateful）。积极思维永远不会结束。我们一次又一次地被告知，如果不积极思考，就不会有任何成就。没有什么是积极思维解决不了的。积极思考是我们必须履行的义务。

但是，如果充实人生的关键是积极思维，那为什么我们这么多人依旧如此痛苦呢？

为什么积极思维如此醉人

一天下午，托里走进我的办公室。她衣着光鲜，我看得出来，她花了很多时间打扮自己。她在我的沙发上坐立不安，显得很紧张。托里和我分享了很长一段她的自我提升的历史。我们谈论静修、营养师、生活教练、她以前所有的治疗师，以及她如何在周末“狼吞虎咽”地阅读自助书籍。她告诉我，每天开始的时候，她都会列一张感恩清单；每天结束的时候，她都会引用一句正能量语录。我发现她的镜子上到处都是便利贴，上面写着“你太棒了”和“你可以做到的”。她凝视着地板，承认她所做的显然不起作用。显而易见，她对此有一种强烈的负罪感，但不愿与我分享。她觉得这样做应该有用，但如果没用，就说明她是个失败者。她认为自己一定是做错了。

托里的治疗目标是“幸福”，但我不确定我俩谁知道幸福是什么样子。每周她都会与我分享一些她正在尝试的新东西，那是能让她开心的事儿。她似乎无法摆脱自我提升的“旋转木马”。

我发现她真正想要的是一直感到快乐。她不想挣扎，她想表现得积极，她想被爱。按托里的说法，消极的人是讨厌的、不可爱的，而积极的人是最棒的，这也是她想成为的人。托里被她对幸福的不断追求搞得筋疲力尽，很明显她已经寻找这个问题的答案很长时间了。她已经做了所有自助大师和励志演说家所说的“应该”做的事。我理解她的沮丧，并试着跟她说实话：“如果你一直都不快乐，会发生什么呢？那样也没关系吗？”托里茫然地看着我，我知道她不知道该怎么回答这些问题。

自我接纳是她的问题之一。她无法接受她已经拥有了成为一个完整的人所需要的一切。她在现实中挣扎，这个世界总是让她觉得她错过了一些东西，她渴望有人卖给她一个产品或促使她改变。托里被灌输了这样的谎言：在她自我提升之旅的另一边，有一片充满正能量和快乐的绿洲。她无法摆脱不断改善和完善的需求，因为这让她觉得一切都在掌控之中。她拒绝正视冷漠的“废物”配偶在自己生活中所扮演的角色，她也不愿思考自己的工作压力有多大，因为她应该能够在面对任何事情时控制自己的思想和情绪。托里在学会自我审视，她会继续在错误的地方寻找控制力量，而不是考虑这个世界对她的影响。当她做得不够好的时候，她就会责怪自己。

积极思维带给我们希望和控制的幻觉

我能理解托里，因为我也曾有过她那样的思维。我太了解那种寻求解脱的感觉了，就是让你不断地追求一件能让自己开心的事情，比如更好的身体、更多的朋友、更大的房子等。这是一场非常消磨人的探索，而且夹杂着诱惑。它充满了可能性、控制的潜能和被爱的渴望。心理自助和追求正能量似乎不会伤害我们。我们相信，只要再努力一点，我们就能成功。

积极思维之所以如此吸引人，主要有以下几个原因：

- 让我们觉得我们可以控制自己的生活。
- 允许我们免除对他人生活的责任。
- 当出现问题时，总会有一些具体的事情可以让我们责怪，比如你的想法。

大多数积极思维的文学作品给我们提供了一个简单的方案：改变你的思想，改变你的生活。这种思维影响巨大，因为它挖掘了我们人类最大的恐惧：不确定性。当我们知道的时候，我们感到安全，安全就是一切。从盘古开天辟地以来，人们一直在寻找有关“为什么坏事会发生”和“我怎样才能得到我想要的一切”的答案。我们可能永远都不会停止寻找答案。

那些实践“吸引力法则”或其他积极思维的人认为，他们已经破解了宇宙的密码。他们清楚地知道，我们需要一步一步地做些什么来得到我们想要的。毋庸置疑！如果我们没有得到我们想要的，那是因为我们做得不对或不够努力。这是当前呈现的复杂局面涉及的唯一因素。这意味着，有了正确的态度和充足的积极性，我们就能控制自己的生活，每个人都会对自己负责；当事情出错时，我们总是知道该怪谁和归咎于什么因素。积极思维给了我们一个理解宇宙万物的框架，包括疾病、歧视、战争、自然灾害、失业、死亡等。

听起来很不可思议，对吧？听起来好得让我觉得不真实。

从小就要学会快乐

大多数家长或看护人都会说：“我只想要一个快乐的孩子！”谁不想呢？对大多数家长来说，“快乐”的孩子意味着出色的工作。对我们的孩子来说，这似乎是一个简单的目标。相反，从我们踏入这个世界的那一刻起，我们就开始感受到要快乐和自带正能量的压力。

有一项名为“快乐的宝宝更有优势”的研究。当我读到这个标题时，我感到我的胃在抽搐。现在连婴儿都要快乐才能出人头地！但这是有道理的。想想我们是如何谈论婴儿的。许多成年人会说：“他们是多么快乐的宝宝呀！”“天哪，他们还是婴儿的时候就哭个不停。”婴儿分为正能量婴儿和负能量婴儿，随和的婴儿和难搞的婴儿。显然每个人都想要一个快乐的宝宝！这样的宝宝更容易照顾，而且对我们的要求远远少于哭闹的婴儿。他们也倾向于从父母那里得到更多的表扬和更积极的关注，因为快乐宝宝的照顾者可能会得到更好的休息和拥有更快乐的心情。作为一个小孩子，你的脾性正在受到观察，你的气质养成经历将会载入你的故事。这可能是你的家人今天还在谈论的话题。

这项特别的研究发现，婴儿时期的幸福感预示着儿童时期的智商和成年后的教育成功。研究人员观察了儿童经历积极情绪和消极情绪的频率，以及这些情绪在他们成长过程中所起的作用。我们知道，喜悦或爱这样的积极情绪和正能量能提高创造力和解决问题的能力，并让人们更善良。因此，孩子们体验到的积极情绪越多，他们花在玩耍、学习和社交上的时间就越多。这直接有助于他们的成长。孩子们经历的负面情绪越多，如悲伤或愤怒，以后得到的学习机会就越少，因为他们专注于摆脱或避免任何困扰他们的东西。这话有道理，但研究人员谨慎地指出，这是基于一个非常低风险人群的研究。在更不利的环境中长大的孩子更有可能经历更少的积极情绪和更多的消极情绪，这些情绪可能会因为他们所处的环境而降低他们幸福感。其他研究也发现，高度逆境与较低的智商、较差的学业成绩及较低的幸福感有关。因此，有人可能会说，孩子的成长并不是因为快乐，而是因为他们能够在充满爱和支持的环境中成长，尽可能少地遭遇逆境，从而获得更多的幸福感，进而争取更多的成长、发育和快乐的机会。

随着儿童的成长，他们的情感经历成为他们大脑纤维的一部分。这一成长的关键阶段具有巨大的影响。澳大利亚气质养成计划（Australian Temperament Project）是一项由心理学家进行了30多年的纵向研究，研究气质是如何形成的，以及为什么一些婴儿比其他婴儿更快乐。他们发现，随着时间的推移，研究对象的性情相对稳定，很少有孩子经历剧烈的气质变化。但气质可以通过积极的经历来改变，比如与照顾者建立亲密关系，以及在稳定的环境中成长。有些婴儿天生就比别人快乐，有些可能因为更多的支持性环境和经历而变得更加积极。不过，从很小的时候起，孩子们就知道，快乐和正能量必定会帮他们得到奖励。

幼儿很快开始评估他们的照顾者如何管理他们自己的情绪，以及这些情绪如何预测他们的行为。他们能够熟练地评估家庭的情感状况、他们的照顾者及与他们共度时光的其他人。这是生存的手段。年幼的孩子知道什么会让照顾者们不高兴，他们的情绪表现是否与他们的行为一致。幼儿的情绪健康与他们的成长环境和社会特征直接相关，因此，照顾者有着巨大的影响力。在许多家庭中，当某些情绪受到打击或羞辱时，积极性往往成为默认和鼓励的情绪反应。

如果你在一个不鼓励情感表达的家庭长大，以下情况可能会发生：

- 照顾者说“一切都很好”，但事实并非如此。
- 照顾者告诉你，当你难过的时候不要哭，或者“像个男人一样坚强”。
- 你被告知，讨论任何类型的担忧或抱怨都是“消极的表现”。
- 你的照顾者很少表现出具有挑战性或困难的情绪，即使表现出来，他们也会否认或试图掩盖这些情绪。
- 照顾者的情绪表现与他们的行为不符（例如，他们哭着说“一切都很好”）。

- 照顾者没有公开与你讨论情绪。
- 情绪可以划分为“好情绪”和“坏情绪”。
- 读懂照顾者的情绪对你来说是个挑战。
- 你花了很多时间和精力试图评估家庭成员的情绪。
- 没有人教你如何有效地给自己的情绪贴上标签。

作为孩子，我们可能听到这样的话：“积极的人是最棒的人！”“没有人喜欢消极的南希！”这些陈述会变成信念，而这些信念会影响我们的行为。当一个成年人告诉孩子们积极的情绪应该是首选时，孩子们通过观察就会知道，即使事情很糟糕，他们也应该努力做到最好。无论如何都要这样。因此，我们中的许多人并没有学会如何调谐我们的真实感受，也不知道为什么这样做很重要。

这种强化会贯穿我们的一生，尤其是在学校。走进任何一所学校，你都会看到墙上贴满了海报，上面写着“要快乐”或“你笑起来最好看”。学校和老师坚持认为，学习应该是有趣的，你应该享受其中。学术机构花费大量资金让孩子们保持“快乐”和提高士气，但仍然难以提供足够的资源，如心理保健和更新的学习材料。

随着年龄的增长，现代工作场所成为积极性文化诱骗我们的地方。企业有专门为使员工快乐而举办的派对、设置的奖项和举行的会议。大家鼓励你时刻保持良好的态度，心存感激，热爱你的工作，把其他的情绪都留在家里。提出建设性批评或反馈的员工通常被认为是“消极的人”。如果你想要加薪或升职，积极的态度是必不可少的。

拥有积极态度的人在社会上也经常受到称赞和奖励。想想那些被媒体赞扬的人吧。我们听过很多这样的故事：

- 那些在机会“如此渺小”的情况下也能做到最好的人。
- “励志片”是关于那些身患疾病或残疾人的宣传片，但他们似乎一直微笑着面对一切。
- “少数模范人物”试图消除种族主义、性别歧视、阶级歧视或其他偏见的负面形象。

我们对积极性的痴迷无处不在。在现代人的眼中，挣扎是“机遇”，诱因是“老师”，悲伤是“无处可去的爱”，缺点实际上是“新涌现的优点”。我们开始相信，积极性是幸福、健康和长寿的关键。我们的本意是好的，但不知怎么，走着走着我们就迷路了。

你真的可以“显化”一切吗

“显化”是积极性爱好者使用的主要工具之一。根据吸引力法则，“显化”的定义是通过思想、感觉和信念进入你的物质实相的东西。“显化”可以通过冥想、想象，或运用你的意识和潜意识来实现。“显化”实践者认为，如果你持续感受负面情绪，你就会吸引负能量。这意味着你吸引到了你正想要的东西；如果你积极乐观，想象一下你想要什么，它就会来到你身边。我们鼓励大家专注于自己想要的东西，避开所有会妨碍你且令你极不愉快的人，并且你要非常有耐心。在你等待“显化”出现的时候，你可以继续正常的生活，而且你不需要做任何具体的事情来实现它。

听起来很简单，对吧？

这一说法与大多数关于动机和目标实现的心理学研究直接冲突。它没有应对可能发生的障碍的计划，没有对个人能力的评估，也没有行动计划。它还暗示，坏事通常只发生在那些想要、想象和“显化”坏事的人身上。这些人通过“低频率”模式为这个世界制造不良氛围。但我们肯定有证据证明这不是真的。坏事每天都发生在好人身上。

当我们没有考虑到自身的局限性、系统性的影响，以及可能出现的挑战和适当的行动计划时，问题就出现了。我们很容易遵循这种简单的“显化”模式，如果个人不能做到，那就怪别人。没买到你想要的新车吗？你一定是太消极了。再试一次吧！

“显化”确实有一些基本成分是无毒或无害的。为了得到我们想要的，我们必须知道这个东西是什么，并把它形象化。我们必须相信实现这一目标是可能的。个人责任和社会责任之间必须有微妙的相互作用。我们可以整合可能阻碍某些目标的外部因素，同时鼓励和激励人们掌控局面，让他们过上自己想要的生活。作为传统“显化”模式的替代品，我很喜欢用加布里埃尔·厄廷根博士（Dr. Gabriele Oettingen）的“WOOP 思维”[㊀]工具来帮助你做选择，实现和评估你的目标。请从这些问题开始：

1. 你有什么愿望？
2. 理想的结果是什么？
3. 你会遇到什么障碍？
4. 你有什么计划来实现目标？

你可以用 WOOP 思维做任何事情。它还能帮助你确定各种具体的目标，以及从哪里开始努力。

㊀ 世界著名心理学家、美国纽约大学和德国汉堡大学心理学教授加布里埃尔·厄廷根女士将心理比对和执行意图结合后的思维方法叫作 WOOP 思维，W（愿望，Wish）→O（结果，Outcome）→O（障碍，Obstacle）→P（计划，Plan）。它包括了“明确愿望、想象结果、思考障碍、制订计划”4 个步骤。——译者注

我们需要认识到自我施加或想象的限制因素，因为我们可以努力突破局限。认识到生活中真正的极限并不意味着放弃。它是在让你自己朝着适合你的方向前进。

我不想自带消极情绪

当人们听到“有毒的积极性”这个短语时，他们通常会认为我在暗示他们应该一直保持消极的态度。这也没什么帮助，而且完全不是这么回事。这是关于如何进行平衡的问题。作为人类，我们要为积极情绪、消极情绪和介于两者之间的一切情绪腾出点儿空间。

我们一直被要求快乐的信息轰炸。当我们内化这些信念时，我们就给自己和他人施加了压力。感觉就像如果我们不能实现这种心态，我们一定是做错了什么，一定是我们自己出了什么问题，或者我们是在给别人造成巨大的伤害。

接下来的几章将向你展示同情、脆弱和好奇的力量，以及它们是如何帮助我们进入一个我们感到被看到、被支持、被联系、被倾听的地方的。当我们满足了所有这些需求时，一切皆有可能。

反省

花点时间想想你的人生，回答下列问题：

- 你什么时候知道积极是很重要的？
- 你的父母鼓励你去感受和表达不同的情绪吗？他们是否表达了诸如快乐、愤怒、悲伤或失望等各种情绪？
- 你担心自己看上去很消极吗？
- 你认为能让一个人真正快乐的因素是什么？

章首语：

你对这个世界投入什么，就会产出什么。

世界可以是残酷和随意的。不幸的是，我们虽然可以释放海量的正能量，但仍然在苦苦挣扎。请为一种有意义的人生而奋斗。尽你所能做到最好，要知道不是所有的坏事都是你招来的。

第二章

为什么积极性不总是奏效

有毒的积极性已经渗透到我们世界的几个关键领域。从癌症患者到失业者，再到在宗教中寻求安慰的人，都被灌输了“积极思维会让一切变得更好”的思想。今天，如果你不是被迫往好的方面想，那就不可能在商业、医疗、宗教或科学领域找到方向。这种不那么神奇的疗法让我们失望了，这是有原因的，这不是你的错。

不做悲催失业者，要做快乐失业族

艾丽莎在一家大型律师事务所工作。自从她以新助理的身份开始，我们就一直在一起工作。艾丽莎日夜伏在书桌前阅读冗长的文件。她真的很可怜，压力很大，工作过度，似乎奔跑在不停旋转的“仓鼠轮”上。她告诉我，她有这份工作是多么幸运。而在我看来，这份工作似乎亏待了她：首先存在性骚扰事件，其次缺乏足够的支持，还有深夜电话和电子邮件。

每个月艾丽莎都要忙工作，但她真的很擅长自己的工作，所以，大家把更多的事情交给她去做。工作量如洪水般汹涌，偶尔还有强制性的员工会议，老板还要求大家开会时面带微笑和保持兴奋状态。有时，大家会玩游戏或戴上有趣的帽子以营造办公室的积极气氛。她告诉我，当员工士气不够高时，她的老板显然很生气。艾丽莎从私人谈话中得知，每个人都精疲力竭、不知所措，但没有人在公共场合说什么。他们不说话抗议，是因为薪水高、工作环境好，还因为在节日派对上每个人都吹嘘这里的文化有多棒。抱怨意味着你“无法处理”或者你“不珍惜自己所拥有的”。

从我们每周的谈话中我可以看出，在这种环境下，艾丽莎撑不了多久了。她看起来筋疲力尽，凝视着窗外，解释自己极度疲惫的原因。她知道这很糟糕，但她就是挣脱不了。我们花了几个星期的时间确定边界感，鼓起勇气和她的雇主讨论这个问题。她勇敢地和她的老板分享了她如何睡不着觉，这样的工作恐怕不能持续太久了。她解释了她是多么重视这份工作，并想让它成功。在我们的谈话中，她分享了她讲完后她的老板是如何假笑的。他说：“请感恩你拥有这份工作。别人会拼了命想得到这份工作。”她在哭泣，我为她感到难过，但我不感到惊讶。

尽管艾丽莎有巨大的勇气，但工作上并没有什么变化，我们又开始讨论疲惫、深夜邮件，还有缺乏边界感的问题。她开始说服自己留在工作岗位上“忍气吞声”，因为，谁会在失业人数很多的时候辞职呢？谁会在工作其实并“没有那么糟糕”的时候抱怨呢？

积极的人总是成功吗

根据大多数商业教练和雇主的说法，积极是成功的先决条件。在谷歌上快速搜索一下“如何成功”，就会搜到成千上万篇关于积极思维和成功的文章。那些承诺帮助你致富的最受欢迎的商业书籍，比如《有钱人想的和你不一样》（*Secrets of the Millionaire Mind*），都依赖于我们思维的力量。这本书的作者 T. 哈维 · 艾克（T. Harv Eker）提出，教育、智力、技能、时间、工作习惯、关系、运气，或者对工作、业务或投资的选择并不能预测你的未来财务。这都是关于你的心态和潜意识的信念。如果你想变得富有，你需要拥有积极性。有了所有这些成功的计划，并且提出了易于遵循的公式，如果没有出现更多的百万富翁，那真是件奇事！

现代工作场所也演变成了一个需要积极性的空间。办公室里到处都是电视屏幕、电子游戏、色彩鲜艳的沙发，还有糖果。谷歌在特拉维夫的办公室甚至有人工沙滩和滑梯，而其伦敦办公室的特色是沙滩小屋和巨型骰子形状的会议室。公司正在建造办公室“游乐场”，希望你们玩得开心。事实上，你必须享受每一刻。你可能因此永远都不想离开了！

你也可能被告知，如果你想得到一份工作或获得下一次晋升，你需要有良好的态度。现在的期待是，不是你一失业就抱怨，并且为失去工作、金钱和机会而悲伤，而是要做“快乐失业族”！有专门的会议、书籍、播客和文章帮助失业者找到一线希望。即使丢了工作，你也要重新振作！这些事件通常不会整合外部力量，比如就业市场、经济和获取资源的途径。失业就像一座山，你需要带着微笑去爬。你有这样的机会是多么幸运啊！要感恩！要做“快乐失业族”！

在工作场所，消极的人很少被称赞，没人想被冠以“消极南希”这个办公室里无处不在的头衔。雇主期待甚至要求员工具有积极性，但它真的有效吗？

带着你的消极情绪去上班吧

管理一个团队并不容易。大多数雇主和团队领导会认为，如果员工能表现得友善、保持微笑并完成工作，事情就会变得更容易。抱怨和消极会让他们的工作更加困难。但他们真正追求的是群体思维。欧文·贾尼斯（Irving Janis）将其描述为“不惜一切代价达成共识的心理动力”。这是对工作场所“有毒的积极性”的完美描述。群体思维压制异议和对备选方案的评价。你害怕说出来，因为这会破坏气氛，而且你真的想被视为团队必不可少的一位员工，因此你要具有团队合作精神。当群体思维发生时，每个人似乎都感觉很舒服（实际上并非如此）。有了正确的策略，你可以在一段时间内避免紧张。问题是这很难维持。群体思维和保持正面形象的压力会让员工不那么开心，扼杀创造力，让企业陷入停滞。

我们的工作场所真的需要一些消极情绪，尤其是在创意产业。如果我们舍弃消极情绪，将会非常危险。研究表明，有毒的积极性阻碍创造力，并阻止你看到重要的痛点，企业或患者可能会陷入挣扎。彼得·圣吉（Peter Senge）是《第五项修炼》（*The Fifth Discipline*）的作者，他提出，愿景和现况的差距会产生一种将人向愿景推动的力量，也就是创造性张力。把注意力集中在消极方面或问题上，你就能想象出可能的解决办法。但如果不先真正了解问题，你就不可能找到解决方案。这通常包括抱怨、发泄、哀叹和故意指出某件事的缺陷。大多数积极的思想家或宣言者都会逃避这个问题，但这是我们解决世界上一些重要问题的方法。如果创意会议上没有消极情绪，我们就不会推出 iPhone 新品或舒适的网球鞋。如果你倡导一种不允许或不鼓励建设性分歧的文化，就永远想不出解决办法。

积极性也会扼杀对患者的同理心。如果你过于积极，你就无法理解患者的痛点。你有没有在餐厅点错过食物？是的，你希望他们给你换菜，也希望他们表现出理解和自责。如果他们一言不发地走开，给你端来一盘新的食物，你会完全满意吗？我知道我不会。真正的同理心需要我们倾听、理解和感受正在发生的事情，这样我们才能有针对性地制订解决方案。这意味着你要告诉顾客，你很抱歉上错了菜，并且倾听这让他们多么沮丧，共同商定解决方案，遵循和照做，然后检查以确保他们满意。如果没有消极的倾听和参与，我们根本无法做到这些。

许多美国员工表示，尽管联邦劳动法明确保护“员工向公众（包括客户）投诉工作条件的权利”，但“积极的工作文化”还是被正面制止，他们依然不敢以此名义谈论办公室问题。尽管有这些保护措施，但关于性骚扰、缺乏多样性、歧视和其他类型的偏见或批评问题的投诉可能会以积极的态度或团队精神的名义被压制。艾丽莎在工作中经常遇到这种情况。每个人都应该庆幸情况没有更糟且一切如故。在她向老板提出自己的担忧后，老板让她闭嘴，她知道，她不能再用抱怨去冒犯老板了。

“煤气灯效应”
是指在很长一段时间内，
以不道德的理由操纵
和控制他人的观点。
这是向你眼中的现实
发出挑衅，
迫使你质疑自己
和自己的观点。

也许你也有过这样的经历。很多人告诉我，他们的抱怨通常会在披萨派对、工作的欢乐时光中被压制，或者更多像艾丽莎经历的“煤气灯效应”（Gaslighting）。这就是为什么这么多公司停滞不前。人们担心太多的消极情绪会破坏文化。一个公司如果不承认负面影响，就不可能向前发展。承认负面影响是改变和进步的唯一途径。

如何避免职场上的有毒的积极性

下面介绍一些关键的方法，让你继续促进健康的工作文化，同时鼓励创造力，发展你的业务，让你的员工感到舒适。

员工敬业度是职场成功的重要组成部分之一。当员工投入工作时，他们会感到被重视，有安全感，受到支持和尊重。一项盖洛普民意调查显示，敬业度比其他任何福利都更能预测幸福感，而且员工更喜欢工作场所的幸福感，而不是物质福利。你可以通过几个简单的方法帮助你的团队提升敬业度：

- 询问员工遇到什么问题，表现出你真正关心员工的生活，而不是他们能为你和公司做什么。
- 当员工挣扎时，你要表现出同理心。大脑成像显示，当员工回忆起没有同情心的老板时，他们的大脑中与逃避和消极情绪有关的区域的活动会增强；当他们想起一个有同情心的老板时，情况正好相反。
- 要强调工作的意义和重要性。当人们的工作与使命相连时，他们会感觉更好，做得更好。
- 要善待员工，要心中保持尊重、感激、信任和正直。
- 鼓励员工谈论他们遇到的问题，并告诉他们，领导者考虑的是他们的最大利益。哈佛大学艾米·埃德蒙森（Amy Edmondson）的研究表明，当领导者具有包容心且谦逊，还鼓励员工发言或寻求帮助时，企业就会拥有更好的学习和绩效结果。

- 帮助你的员工和同事。纽约大学教授乔纳森·海特（Jonathan Haidt）发现，当领导者公平且愿意自我牺牲时，他们的员工会变得更忠诚，更愿意为公司效力。
- 认识到消极怠慢和积极解决问题的区别。指出工作中的问题或提出新想法的人，与抱怨咖啡味道的人大不相同。

创造一个健康的工作环境，既便宜又简单：不需要豪华的家具、乒乓球桌，或者每天下午在办公室周围转悠的酒水小推车。你要创造一个有人情味的工作环境，让你的员工知道你关心他们。你还要学会倾听，创造一种开放沟通的文化。结果会说明一切。

得了癌症也要强颜欢笑吗

医疗保健系统是我第一次接触有毒的积极性的地方。我的一位亲人患有慢性病，是个残疾人，多年来一直在医疗系统中工作。我也在研究生院实习和博士生实习期间，与被诊断出患有各种癌症的儿童和成年人打交道。现在，我在自己的私人诊所里与患有慢性疾病的成年人并肩作战。一开始，我真的不明白发生了什么。我知道，我正在目睹一些奇怪的事情在这里发生，比如“祝你早日康复”的横幅。每个互助小组都要持续关注积极性。说实话，这让我很恼火，但我和其他人一样一直喝酷爱饮料。我天真地以为只有这样患者才能好起来。直到一天，我怒火中烧，开始疯狂地研究积极性及其有效性。

事实证明，并不是只有我一个人生气。

我在医疗保健系统中，从医生和医务人员那里，以及在慢性疾病社区中看到的有毒的积极性，可以写满整本书，但我记得最深刻的是亚历克斯的故事。

亚历克斯是个 13 岁的男孩，患有恶性肿瘤。亚历克斯确诊后不久，我就开始和他母亲打交道。她是个单身母亲，为了儿子及其健康，她付出了很多。医生似乎不确定亚历克斯能活多久。如果有人得到这样的诊断结果，那将是一个悲剧。当他还是个孩子的时候，他的人生已经超越了悲剧。

亚历克斯的母亲有一个习惯，就是凡事都要往好的方面想。她拒绝使用“癌症”这个词，而是一直用“它”来指代这种疾病。每当亚历克斯试图谈论自己的疾病时，他的母亲马上就变成一个盲目乐观的人。她会告诉他，要积极地思考。她会坚持说，他会克服这个问题。她会最终将话题转移到更愉快的事情上，比如，电视节目或外面的天气。每当我们谈到他的检查结果时，她总是说："但我们有希望，我们会熬过去的!"亚历克斯的母亲带着痛苦的微笑看着亚历克斯，似乎在乞求安慰。很明显，她承受着巨大的痛苦，但她拒绝承认。

几个月过去了，亚历克斯的病情恶化了，他妈妈的乐观情绪却增强了。亚历克斯无法跟他的母亲讨论他的情况，他们的关系显然因此而紧张。在治疗和住院期间，他努力装出一副勇敢的样子。想要快乐的压力一直困扰着他，他只好在治疗过程中向我倾诉和坦白。我们分析了他的悲伤，讨论了他的恐惧。我真的希望他的母亲能和他分享那些时刻，我知道她在尽她最大的努力来应对失去孩子的可能性。她所做的是人们告诉她的、对她一生都有用的事情——积极乐观地考虑问题，"显化"积极成果，监测自己思想中任何消极的东西。可此时，亚历克斯却感到害怕和孤独。

亚历克斯去世了，成为众多死于癌症的患者中的一员。他们试图活下去，却无法活下去。这不是他的错，再多的积极情绪和"显化"能力都不能改变结果。他的母亲崩溃了，任何处于这种情况的父母都会这样。说实话，我有点相信，她不断传递积极情绪的任性，让她无法开始和亚历克斯一起悲伤，也无法和他一起分享最后的时光。她对让事情变得快乐并“显化”积极成果过于专注，以至于错过了站在她面前的那个人——她的儿子。这也让他最后的日子很难过。我知道他很害怕，他不想让她认为他已经放弃了希望。与亚历克斯在一起的时光并不能改变她失去孩子的痛苦，但我认为，这会减轻她最终不得不面对自己的积极想法与现实不符这一事实带给她的痛苦。再积极的想法也无法消除这种痛苦。

灵丹妙药

在医疗保健和健康领域有一种新的说法，似乎认为如果你吃对了所有的食物，加上锻炼、积极思考、冥想、喝足够的水，你就永远不会生病。健康通常被描述为“没有疾病”，而这一切都始于心灵。这是一种似乎只适用于特权阶层和身体健全之人的健康版本，它把责任完全推到了个人身上。在这个框架下，健康被承诺给那些“为健康而工作、为健康而努力，并且值得拥有健康”的人。这使得人们对消极思想或情感痛苦如何导致疾病越来越感兴趣。

我们知道精神和身体之间绝对存在着某种关系。事实证明，过高的压力会导致免疫反应减弱，让人们的患病率更高。正能量和积极思维在保护血压和预防其他心血管疾病方面发挥着重要的作用。高水平的正能量也有利于患者的康复和存活率。毫无疑问，快乐的人更容易保持健康或从疾病中恢复过来。我们也知道，拥有积极的心态可以帮助人们应对疾病的挑战，但那些声称积极思维可以治愈疾病的说法被过分夸大了，或者说在某些情况下完全缺乏证据。积极思维是治疗疾病的一个有利条件，但它不是一种治愈疗法，而消极思维也不是所有疾病的病因。

有毒的积极性在医疗保健领域非常猖獗。它影响到病人的治疗、医疗专业人员如何治疗他们的病人，以及我们如何集体谈论疾病。过度乐观的人可能会因为相信一切都会好起来而忽视购买保险。实践“吸引力法则”的人可能会避开那些诚实预断病情的医生或治疗，从而导致更负面的健康成果，甚至是死亡恶果。朋友和家人如果不想在充满消极情绪的环境中生活，他们可能会忍不住切断与疾病做斗争的朋友和家人的联系，因为他们相信这会使他们情绪低落，或者也会导致他们生病。医疗保健中的有毒的积极性让我们感到被排挤和不被理解，并最终处于危险之中。

我们在三个关键领域看到了医疗保健领域中积极性的负面效应：在医疗提供者中，在患者本身中，以及在公众谈论疾病的方式中。大多数医疗专业人士都希望能提供帮助。但在医疗服务提供者中，有毒的积极性可能会导致无益甚至有害的结果。这一悲剧曾经发生在我的患者亚历克斯身上。这是一个典型的模式：我们派遣新的医生去处理这个病例，他们很可能是出于一种想要提供帮助的强烈愿望，做出了很多可能无法实现的承诺。他们对成为让一切变好的人的憧憬感到非常兴奋。这里有预约、扫描检查和实验室工作。突破的希望会带来兴奋感，但有时却无法让事情变得更好。积极思维的前景破灭了，剩下的由病人来收拾残局。我的许多有慢性健康问题的患者报告说，他们只是故意选择不相信兴奋型医生，因为后者总是带来必然的失望。而患者们无法承受再次崩溃的结果。

医疗保健专业人员经常将积极性作为各种诊断的治疗方法。比如，在手术之前，医务人员可能会说："乐观一点，你会挺过去的。""没什么好担心的。"这些善意的声明本意是鼓励，但它们最终会让患者感到被忽视和不被理解。医疗保健专业人员也可能提倡有毒的积极性和否认遭遇的存在，只是因为这样更容易处理。积极乐观的患者的要求通常比抱怨的患者少。这可能会阻止患者接受现实，错误地相信另一套事实。许多研究人员认为，在医疗保健中使用有毒的积极性"试剂"是不道德的，甚至是危险的。它会导致毫无根据的自信断言，这意味着对患者缺乏同理心，并可能导致患者在不知情的情况下对自己的健康做出决定。

有毒的积极性在慢性疾病群体中也很普遍。患者会感到羞愧，指责对方不够努力，他们需要表现得坚强和积极。社交媒体上充斥着患者用积极的态度治愈疾病的故事，否认或质疑“积极的疗法”就是消极的表现。我在工作中注意到，患有隐形疾病的人或残疾人害怕表现得太积极，因为那样他们就不会相信自己生病了。他们也害怕表现得太消极，因为那样他们就不够坚强或不够努力。他们不会成功的。

我们谈论疾病的方式也充满了有毒的积极性。面对癌症这样的疾病，你是在与疾病“做斗争”。如果你“战胜”了疾病，你就是英雄。如果有人在与疾病的较量中“输了这场战斗”，那就意味着他们没有足够努力。使用轮椅或者患有其他残疾的人，在任何时候都应该是励志的、鼓舞人心的。在募捐、游行等活动中，关于“疾病”是这样描述的：“有人患病了，但现在好了。”白纸黑字，赖也赖不掉。但是，我们很少讨论疾病的症状、高昂的医疗费、孤立的困境和孤独的情绪。我们致力于让所有事情都变得积极。疾病变成了我们必须微笑着去根除的东西。

现实是，大约有1.33亿美国人患有无法治愈的慢性疾病。据估计，美国有6100万残疾人。这些人可能永远不会体现健康和福祉的主流定义。他们可能永远不会“好转”。这些人都是消极的吗？他们还不够努力吗？他们表现出来了吗？绝对没有。

健康福祉强于积极思维

关于积极思维治疗疾病的效率的研究非常糟糕。我们所知道的是，乐观主义和较好的健康成果之间存在联系。研究表明，乐观与较低的死亡率、较高的健康水平、某些疾病的较快康复率和改善的免疫反应有关。然而，我们不能假设快乐会带来健康，因为目前的研究还无法确定这其中的因果关系。这意味着快乐的人实际上可能有更好的免疫系统，很少生病，拥有更多的快乐机会。或者，生病的人可能更难控制自己的疾病，导致积极性下降。我们只是不知道没有疾病是否会让人更快乐，或者快乐是否会让人少生病。

压力确实会对健康产生负面影响，但这并不意味着持续的积极思维、乐观和自我肯定总会带来良好的健康。当然，我们都认识一些非常积极但已经生病甚至快死的人。你可能也认识一些人，他们非常悲观，从不吃蔬菜，但非常健康。管理压力和提高幸福感并不能保证身体健康，因为健康受到各种因素的影响，不能简化为一个简单的公式。

积极思维是一种策略，可以帮助人们避开不愉快的、不想要的、破坏性的态度和精神状态。这是一种提高幸福感的方法，但在这一策略生效之前，人们还必须满足许多其他需求。

如果我们想从医疗保健系统中消除有毒的积极性，我们就必须远离莫名的正能量，转而专注于扩展幸福的定义。幸福感是一个衡量标准，它告诉我们何时认为自己的生活一切顺利。幸福与自我感知的健康、健康的行为、长寿、社会联系、生产力、更好的免疫功能、快速恢复，以及降低患病和受伤的风险有关。关于幸福感的研究也清楚地告诉我们，健康不仅仅是没有疾病，远不止于此。

健康不始于心灵，
也不终止于心灵。

当某些条件得到满足，人们有空间和资源来寻找生活的意义，满足他们的需求，并应对他们所处的环境时，人们就可以获得幸福感了。良好的生活条件、住房和就业是幸福的基础。我们与其专注于将积极思维作为治疗疾病的方法，还不如从适合居住的住房、安全的社区、有意义的人际关系、食品安全和医疗保健中受益。然后，我们可以专注于改善我们的思维。健康不始于心灵，也不终止于心灵。它存在于我们的社区中。当人们感到有能力并可以实现他们各自的健康时，全民健康才能得以实现。

“正能量”之神的崛起

有毒的积极性和宗教有着悠久的历史。在第一章，我们了解了加尔文主义者及其悲观主义倾向。当时大多数宗教都是这样的：你们天生有罪，需要被拯救。你生存的环境中有很多火和硫黄，这种恐惧是真实的。随着宗教形象的改变，“正能量”之神诞生了。这个神想让人们幸福而富有。他相信爱能解决一切，他能让人们梦想成真。在这个教派中，怀疑和焦虑是失去信心的标志，任何事情都可以通过祷告消除，甚至精神疾病。只有神才相信万事皆有因。

莉兹以前从未接受过心理治疗。她是当地一所大学的一名大学生，在经历了多年失眠、思维混乱、在学校难以集中注意力之后，她决定联系治疗师。一个星期二的下午，莉兹躺在了我的沙发上，摆弄着她的钥匙链。“我好紧张。如果我父母知道我在这里，他们会杀了我的。”我问了她一些基本的问题，想让她舒服一点儿。莉兹终于在沙发上坐了下来，我鼓励她说：“那你觉得你父母看到你在这里会生气吗？”她停顿了一下，说：“他们认为我是在夸大其词，只是对教会失去了信心而已。他们希望我多祷告，多参与会众活动。我妈妈总是说：‘莉兹，生活永远不会给你无法承受的苦难’……可是，话如波涛，我都快被淹死了。我真的承受不了。”

莉兹感到内疚，因为她的信仰不能帮她“渡劫”。她不明白自己为什么会挣扎。我怀疑她可能有别的事情没有告诉我，这影响了她的信仰。我们花了好几个星期讨论上帝，以及她和宗教的关系。我们谈到了教堂、圣经学习和信仰问题。莉兹分享了很多关于她的信仰的积极事情，比如，在困难时期正能量带给她的希望，以及社区如何让她有家的感觉。一天下午，莉兹告诉我，她觉得自己可能是同性恋。“我只知道我做错了什么。也许我还不够努力。我无法摆脱这种感觉。”

莉兹正在苦苦挣扎于我们所说的广泛性焦虑症，她害怕探索自己的身份。她符合所有标准，她的症状严重影响了她的生活的方方面面。祈祷和信仰可能会帮助她妥善处理她遇到的事情，但无法解决问题，这一点我俩都明白。莉兹也开始接受一个事实，即如果她是同性恋，祈祷也不会改变这一点。她还表示她不想改变这一点。

我们继续合作，最终她鼓起勇气告诉她的父母她正在接受治疗。她还在想办法把其他的事情都告诉他们。在我们并肩作战的整个过程中，莉兹一直保持着自己的信仰，她继续去教堂，甚至祈祷得更多。但她也在使用其他疗法，比如心理治疗，需要时服药，以及“接纳承诺疗法”（简称 ACT）。她的祈祷内容也发生了变化。她没有祈祷自己会改变，也没有祈祷有人能治好她。相反，她祈祷得到接纳、爱和力量。莉兹找到了一种方法，以一种对她来说有意义的方式将她的信仰融入她的生活，这始于她立志接受自己需要成为的样子。

宗教和精神一直影响着我们的心理健康，并且长期以来一直是文化的一部分。宗教一开始是一股无处不在的、令人恐惧的力量。各种宗教普遍使用恐惧、社会羞耻感和希望的承诺来鼓励人们过上更好的生活，并遵守规则。不幸的是，这种宗教教义最终会对人们造成伤害。

研究表明，社会羞耻感只会伤害人，而且是一种使人们关系疏远的方式。人们最终开始对传统的、基于恐惧的教义感到厌倦，这些教义在各个宗教派别中都很常见。现代宗教人士认识到，宣扬宗教的旧方法已不再有效。他们需要找到新的方法把人们聚在一起，让人们对宗教感到兴奋。我的朋友们，“正能量”之神就是这样诞生的。

心理健康和宗教信仰是朋友

莉兹真的一直在纠结于自己的精神健康和身份鉴定。

对她来说，宗教信仰既是一种安慰，也是一种负担。她同时感到羞愧和救赎。对莉兹来说，心理治疗和宗教信仰是无法共存的。她无法想象这样一种生活——她可以坚持自己的宗教信仰，保持自己的真实身份，并获得自己需要的科学支持。

研究表明，宗教参与对心理困扰有预防作用。这并不意味着有宗教信仰的人就不会生病且总是快乐的。它仅仅意味着信仰宗教可能是一些苦苦挣扎之人的一种有效而重要的应对方式。这很可能是因为在社区中可以找到内在的利益。属于某一宗教团体的人将从促进健康行为和与志同道合的个人进行社会交往的机会中受益。信念和宗教信仰也可以灌输希望或乐观主义，这在危难时刻是有帮助的。

当宗教团体培养出一个接纳、信仰和理解的社区时，成为其中一员将是非常有益的。如果我们想要消除宗教中有毒的积极性，就必须关注我们真正需要和想要从宗教中得到的东西，也就是充满希望的体系、归属感，以及一套生活标准。没有其他地方会让我们觉得，我们不必或无须不断追求更好和更完善的自己就可以获得幸福。

科学与积极思维

科学和心理学研究也是有毒的积极性风靡的主要原因。

达尔文的进化论盛行的时候，有一股巨大的力量推动着科学取代宗教成为了权威的呼声。研究人员进行了海量的“科学研究”以证明某些物种因为生理差异而表现得更好，比如开朗的性格和情绪自控能力。在科学实验中，酒精成瘾症和肺结核等患者得不到治疗，这些实验甚至被用来测试他们的恢复能力，并为自然选择和适者生存理论提供证据。

今天回顾这一“科学”，你可能会感到震惊和恐惧，但重要的是要记住，他们就是当时的“专家”。他们的观点、科学探究和评估在科学界得到了高度重视。由于对幸福的承诺，这些信念变得更加流行。优生学的研究人员和支持者向人们承诺，如果我们简单地淘汰弱者和消极的人，留下来的人就可以自由地追求最好和最幸福的生活。这是许多人不能忽视的承诺。

今天，科学和研究仍然被认为是可靠和值得信赖的信息来源之一，通常也是如此。自优生学时代以来，情况确实发生了变化和改善。然而，当我们审视有毒的积极性在过去几个世纪中是如何持续存在的时候，我们必须审视科学界的作用，以及积极性是如何继续被鼓吹为久经认可且经充分研究的幸福之钥。

我从托里身上亲眼看到了这种影响，你们在第一章见过她。她是那些真正尝试过一切，却无法实现幸福这一难以捉摸的目标的人之一。关于托里的健康诉求，最有趣的一点是，大部分都声称得到了科学证据和研究的支持。因此，如果事情没有按照自己的意愿发展，她会感到更加羞愧。在治疗会话中，我们讨论了研究及其局限性，以及并非所有报道的事情都适用于所有人，因为并非所有情况下的所有人都经过了试验（这包括我在本书中支持的所有研究）。我们讨论科学如何可能是错误的，以及我们在将其应用于我们自己的生活时，为何仍需谨慎小心。这是我希望你在阅读这本书或其他科学支持的健康策略时记住的内容。科学研究是必要的，而且通常很有帮助。但历史也告诉我们，科学结论是如何被用来维持社会秩序中某些有问题的领域，并将之框定为追求“幸福”的一部分。

反省

花点时间想一想你听到的关于这些领域的积极的信息，以及它们是如何影响你的。

- 在职场上，积极思维是如何被推动的？它曾被用来掩盖更大的问题吗？怎样才能使你的工作场所成为充溢更多正能量的地方？

- 在你的生活中，健康护理专业人员鼓励过你要持有积极心态吗？这对你或你所爱的人的康复有什么影响？
- 你与宗教或灵性的关系是什么？积极思维是你信仰的组成部分吗？你所在社区的精神领袖或宗教领袖是如何培养这些信仰的？

章首语：

为它教给你的一切感到高兴吧！

你可以感激这个教训，但仍然希望这件事没有发生。

第三章

当积极性爱莫能助的时候应如何

在一些关键的情况下，积极性可能会变得有害。我已经确定了 11 种不同的情况，在这些情况下，如果使用不当，积极性可能会变得有害。下面这些是我认为我们都应该小心谨慎地处理的话题。

不孕不育和流产

安妮已经经历了几次流产，现在正与不孕做斗争。她大学毕业后就开始跟我预约治疗，那是她怀孕七周后第一次流产，之后她就开始接受治疗了。按大多数标准来看，安妮过着完美的生活。她抱怨说，她做的每件事都是对的，却依然受到了惩罚。“我上了大学，拿到了学位。我从来没有被拘留过。我不吸烟，第一次流产后也戒酒了。我有一份工作和一个体贴的丈夫。我做了什么不该做的事情，要受这种罪呢?”我在心理治疗中看到安妮有一个人们普遍都有的症结，就是“公正世界偏见”。这是一种认知偏差和谬论，认为一个人的行为将导致道德公平和适当的后果。这是一种假设，即好人有好报，恶人有恶报。相信这一点会给我们一种控制生活的幻觉，并常常让我们为无法解释的事情辩解。安妮想弄明白为什么这么糟糕的事会发生在她这么好的人身上。

她的挣扎得到了周围人善意但无益的支持。以下是她收到的最常见的鼓励话语：

- “你想要的孩子，注定会到来。”
- “命运不会给你无法承受的苦难。”
- “至少还有很多其他组建家庭的方式。”
- “乐观一点，孩子就会出生。如果你有压力，就不会成功。”

她知道这些人只是想帮助她，但那些积极语录和鼓励的话语让她感到孤独、不被理解，她害怕与人分享自己的感受。安妮想让他们知道，她觉得这个孩子是为她准备的，却未经她同意就被带走了。她不明白为什么上天要用这种方式考验她，或者让她独自承受内心的痛苦。她知道有很多方法可以建立一个家庭，她为那些选择这些方法的人感到高兴。她从不对收养的人发表意见，但她自己想要怀孕。她想体验她所知道的其他女人所拥有的孕产体验。她想要这样的经历，而且，如果需要，她有权悲伤。我知道安妮试着积极思考，她在我的办公室里就是这样做的。她试图对最早的几次流产、每一次与医生的预约及每一次新的怀孕尝试都做出积极的解释。当每个医生都告诉她压力和消极会阻止她怀孕时，她都会努力。每次流产后，她都责怪自己不乐观，并发誓下次会更好地管理自己的压力。安妮努力想看到光明的一面，直到她再也看不到了。

安妮和我谈论着在无数次看病、新的治疗和每次失去孩子后，她希望身边的人能做些什么或告诉她些什么。下面是她对我说的话：

- “那是如此痛苦和艰难。”
- “你想谈谈吗？我是来倾听的。”
- “我今晚会送晚餐给你。”
- “在重要约会之前或之后，发短信确认一下。”
- “如果她一时没回应，我不会往心里去的。没有问题。”
- “这次流产很要紧，你的悲痛是有道理的。”
- “我知道你有多想要这个孩子。我会在这里支持你走完每一步。”

巨大的丧亲之痛

费尔南德斯一家星期二上午进入我的办公室进行紧急治疗，他们23岁的儿子上周末在一次划船事故中不幸遇难。每个成员都以自己独特的方式表达自己的悲伤。十几岁的妹妹在椅子上坐立不安、一言不发，眼睛扫视着房间；母亲很安静，目不转睛地盯着地板；父亲控制不住地抽泣着，每次抽泣，他的整个身体都在颤抖；弟弟试图靠近父亲，轻拍他的背来安慰他。他们都很痛苦，我坐在那里盯着他们，再多的情绪训练和体验也不能减少这些时刻的艰难。

几分钟后，父亲的抽泣声开始减弱，我认为这是我可以开始治疗的信号。我先问他们过得怎么样，给家庭的每个成员时间来分享和倾听。他们都在质疑生命的意义，渴望得到人生的答案，并承受着难以言喻的痛苦。我们谈论他们如何处理自己的痛苦，以及他们可以在社区中获得什么样的支持。这位十几岁的妹妹说，他们不是很虔诚，只是在节假日偶尔去当地的寺庙。他们想知道是否应该开始去寺庙。“那样有用吗？”她诚恳地问道。我知道他们想让我给他们一份如何疗伤的指南，我也知道我做不到。这是我作为治疗师最大的弱点。我知道我必须不断地审视和提醒自己，这是我的工作，在这里为他们保留这个独自感受的空间。其实根本没有什么疗伤指南。

这位父亲提到，有几个人试图说些鼓励的话。他们说的是：

- “这都是上天的安排。”
- “他去了天堂，一个更加美好的地方。”
- “他不想看到你伤心。”
- “为了你的孩子，你需要坚强。”
- “这让你学会了永远对自己拥有的东西心存感激。”
- “万事皆有因。”

和安妮一样，这位父亲知道他们只是想帮忙，但他不明白，带走他的孩子怎么会是上天的安排？母亲无法理解，还有什么比儿子和家人一起住在迈阿密更好的地方？他们说，无论这应该教给他们什么教训，都永远不值得失去他们的孩子，也永远不会有任何价值。我们讨论了如何让其他孩子看到他们的父母表达困难的情绪并加以处理。我帮助他们理解“坚强”的定义，以及在面对如此巨大和悲惨的丧亲之痛时如何变得坚强。最终，这家人同意，这些话虽然是出于好意，却让他们觉得自己处理伤心事的方式欠妥。这是一个阳光明媚的早上，他们却找不到一种积极的方式来诠释儿子意外丧生的悲剧。

费尔南德斯一家并不是唯一对这些言论抱怨的人。这是我从无数悲伤和失去亲人的家庭那里听来的。这里有一些建议，可能更有助于那些遭遇丧亲之痛的人：

- “我很遗憾你经历了这样的丧亲之痛。我就在这里，如果你想倾诉，我会随时聆听。”
- 给他们发短信或打电话，表示关怀之情。
- 如果他们还没有准备好谈论（或者不需要某种帮助），请尊重他们的思法。
- 倾听并承认这种伤痛让他们蒙受多大的心灵创伤。
- 询问他们关于死者（或者不再出现在他们生命中的人）的情况。给他们空间谈论逝者，分享他们的回忆或故事。
- “我不知道该说什么，但我就在你身边。”

疾病和残疾

我相信，那些患有慢性疾病、残疾和有健康问题的人是最需要积极鼓励的人。我的整个职业生涯都在和这些人打交道，但迈克尔的故事一直萦绕在我的脑海里。迈克尔是一名变性人（女变男），他患有多种精神疾病和身体疾病。他从 12 岁起就一直在应对一系列神秘症状。这意味着他在医疗系统、家人、朋友和同行中有无数机会遭遇“煤气灯效应”和被淘汰出局的惨事儿。

我和迈克尔是通过视频在网上认识的，因为当他出现症状时，视频更容易控制。在这次治疗中，迈克尔躺在床上，我敢说这可能是他今天唯一能够进行的互动。我们用了很长时间处理他最近的治疗预约，教他管理慢性病的隔离生活，适应身体慢慢衰退的生活。迈克尔最近在一个在线社区遭到了一些过分且有毒的积极性语录的抨击，他的情绪非常激动。他知道我有多讨厌这些东西，所以我们在一起聊得很开心，我们讨论了那些人说了什么，那些话如何显露轻蔑态度，或者说，那些话都是些毫无帮助的废话。作为一名患有慢性疾病的变性人，迈克尔一直在为自己的身份做大量的工作。当他读到这些话语时，他通常不会感到冒犯或反应过激，但他知道这些言语对他的早期旅程造成了多大的伤害。他分享了一些他见过的非常糟糕的言论：

- “但请想想你能做的一切！”
- “如果你想战胜它，你就得有个好态度！”
- “我的朋友得了这个病，病情好转了，所以我知道你也会好起来的!”

- “天哪，这真的提醒了你，生命是多么宝贵，我们应该为我们所拥有的而感恩。”
- “你真勇敢!”
- “也许你需要试试瑜伽或者果汁，这些对我帮助很大!”
- “你看上去一点都不像生病的样子。你看起来棒极了!”

迈克尔和我讨论了“关注你能做的事情并对此心存感激的价值”，但这句话也体现出一种轻视态度，因为它没有关注或验证患者的痛苦和失落。他分享了告诉别人“你会好起来的”危险性；或者仅仅因为一个朋友病了，你就强迫他尝试治疗的不可取之处。我同意他的观点。我在很多慢性病患者身上都见过这种现象。给出医学建议总是出于好意，但也可能是危险的，或者提供的是虚假的希望。第二句是：“如果你想战胜它，你就得有个好态度!”这也是最常见的正能量金句。我和迈克尔用笑来表达这句话的讽刺意味。就像安妮一样，说话的人相信“公正世界偏见”。他们认为积极思考的人会得到积极的结果，比如保证健康。如果有人知道这并不适用于每个人，那就是笑容满面、积极快乐的迈克尔，他慢慢失去了对生活的热情，因为他的健康状况每况愈下，直到去世。事实上，没有他，世界照样运转。

迈克尔在这个网络社区所经历和目睹的，正是许多慢性病患者和残疾人的现实。不幸的是，过分强调积极思考可能会导致受害者在医疗保健中受到指责和羞辱。它意味着那些工作足够努力并且拥有正确态度的人在为健康而战的过程中总是会赢，而消极的人总是输。我们都知道这不现实。以下是迈克尔希望人们说的话或做的事情：

“我在这里等你。”

“我相信你。”

“如果有帮助的话，下次我陪你去看医生。”

“我读了你的诊断书，我了解到……”

“今天你的症状有什么变化吗？”

“无论发生什么，我都会在这里。”

“你最了解自己的身体。”

浪漫关系中的挣扎

佩德罗是一名 54 岁的男性，他最近与结婚 20 年的伴侣离婚了。回首美好的往昔，他的爱情关系是令人兴奋和充满激情的。但在最糟糕的日子里，我会把他们的关系视为有毒的、语言上的辱骂和敌意。佩德罗为离开自己的伴侣而苦苦挣扎，他的父母也对此表示强烈反对。我们短暂地尝试了“夫妻疗法”，但他的妻子对自己的虐待行为没有任何悔恨。我告诉佩德罗，当他的夫妻关系处于这种状态时，夫妻疗法是徒劳的，甚至可能是危险的。他决定继续进行个人治疗，而他的前妻也很乐意选择退出。

佩德罗对承诺、婚姻和爱情有很多根深蒂固的信念。每次他试图与家人或朋友分享自己的离婚感受时，他们都进一步巩固了这种信念。在他决定离婚之前，他们会对他说：

- “那个对的人永远不会离开你，也不会伤害你。”
- “至少你还有爱人。”
- “爱意味着牺牲。”
- “其他的关系更糟糕。”
- “感谢她为你做的一切！”
- “你需要的只是爱。”
- “爱会帮你渡过难关。”

我们讨论了这些话是如何让佩德罗怀疑和否定他在这段关系中所经历的言语虐待。这让他很难相信自己和自己的婚姻历程。这也让他陷入了一段深感痛苦的婚姻关系中。离婚后，佩德罗又恢复了单身，他继续接受心理治疗以处理这段感情的结束和随之而来的悲伤。他注意到，离婚后，他受到了一种完全不同的压力。现在人们希望他看到光明的一面，并充分利用新的处境。大家都在说：

- “除非你爱自己，否则没人会爱你。”
- “享受单身生活。我愿为重获自由而不惜一切代价。”
- “这就是你想要的。”
- “人们喜欢积极、快乐的人。正确的态度会帮你找到那个对的人。”

这就好比他刚刚冲过一场比赛的终点线，人们却要求他面带微笑再跑一场。佩德罗无法满足那些要求，他过去不能妥善处理自己受虐的那段婚姻，现在也不能充分享受自己的单身生活。他悲伤，他孤独，他不知道自己的未来会怎样。

这就是那些在浪漫关系中挣扎的人所表现出来的有毒的积极性。我们希望人们独处的时候快乐，大家在一起的时候快乐，不管这看起来是什么样子，或者迫使他们忍受什么。童话般的爱情依然存在。很多人认为，单身的人之所以会这样，肯定是因为他们很痛苦或者不够努力。结束的恋情或婚姻只是因为没有爱，不是命中注定，或者只是因为某人不够努力。这些观点让那些在恋爱中遭受切身虐待的受害者沉默，让单身成为像瘟疫一样被逃避的东西。下面是佩德罗希望人们说的话或做的事：

- “我相信你。”
- “这么多年过去了，独处一定很难吧。”
- 邀请他做点什么。
- “人际关系是复杂的。我相信你所做的一切都是为了你自己。”
- “我爱你。”
- “你的价值不是由你的感情状态决定的。”

家庭与家人隔阂

麦琪是那种只在危机时才来看心理医生的人。我跟她预约好几年了，每次她家出事，接下来的几个星期我们都会见面。经过几次治疗后，她通常会说自己感觉踏实了，并再次回归自己的价值观。后来她暂停了治疗，我巧妙地鼓励她继续治疗，这样我们就能更深入地了解她遇到的问题，然后等她几个月后再主动联系我。

麦琪在她母亲给她发了一封“令人惴惴不安”的邮件后的一个下午，给我发了一封“令人惊慌失措”的邮件。她不知道该如何回应，她需要一次心理治疗，所以我安排她在下周来就诊。麦琪的母亲是贯穿她一生的大难题。酗酒、大喊大叫、没完没了地批评、完全没有责任感，这些都是麦琪最终学会处理的事情。她一直以为所有的妈妈都是这样，直到她开始与丈夫的家人相处。我和麦琪一直在处理边界感问题，她一直在拒绝她母亲的麻烦行为，我努力与麦琪沟通，她做了很大的改进。但每隔一段时间，她的母亲就会再次出现，并打破边界，或者指责麦琪做了一些她没有参与的事情。这周，麦琪收到了一封电子邮件，她的母亲在电子邮件中指责她自私，说麦琪从她的银行账户里偷钱。尽管麦琪做了大量维护边界的工作，但每当她从妈妈那里收到这样的信息时，她都会感到痛苦。这把她带回了童年，她必须在做出反应之前停下来喘一口气。

多年来，麦琪一直在考虑远离母亲伤害自己的生活。几年前发生的一件事让她觉得自己再也不能这样做了。问题是，每次她考虑这样做或朝那个方向迈出一步时，她就会受到来自家庭其他成员的很多阻力。他们让她充满了有毒的积极性，比如下面这些话：

“家庭就是一切。”

“她不可能那么坏。”

“我永远不能把妈妈赶出我的生活！我爱她。”

“血浓于水。”

“你应该感谢你母亲为你做的一切。她已经尽力了。”

他们总是鼓励她看到母亲的优点，多一点宽容。他们中的一些人甚至否认这种母女关系是有害的。这让她觉得自己完全被孤立和不被理解，好像她是个小题大做的人。

麦琪的经历对很多家庭来说都很普遍。我希望家人会一直善待我们、爱我们，但事实并非如此。如果被疏远的家庭成员或被虐待的受害者因为“这是家庭”而必须看到光明的一面或接受有害的行为，我们就会进一步伤害和孤立他们。我认为，如果麦琪得到更多的外部支持，她就能更快地认识到自己所忍受的虐待，并设定边界意识。下面这些话才是她想听的：

- “那一定是个艰难的决定。”
- “我知道你在做对自己最有利的事情。”
- “我支持你的决定。”

- “我永远不会因为你做了那样的选择而批评你。”
- “如果你想聊聊，我就在这里。”

职业困境或失业

今天，我又要对艾丽莎进行治疗了。时值仲夏，早晨八点半，阳光透过窗户照射了进来。艾丽莎会在上班前预约好她的治疗事宜，否则，日子一天天过去，她终究会取消治疗计划。今天，艾丽莎的语气略有不同。她说她想辞职。我停顿了一下，让周围的人都安静下来。艾丽莎又开始说：“我再也做不下去了。”

你可能还记得艾丽莎告诉她的老板，她睡不着觉，并且不知所措。她的老板回答说：“请感恩你拥有这份工作。别人会拼了命想得到这份工作。”这就是艾丽莎在工作中想在办公室提出真正的问题，或者只是发泄的时候，从同事和老板那里得到的标准的有毒的积极性。她还听到很多：

- “积极的人总会成功。”
- “你只需要再努力一点！”
- “你的态度决定了你的成功。”
- “如果你想成为顶尖人物，你需要愿意做出牺牲。”

- “这就是工作。你知道自己会陷入什么境地。”

这些话语非常适合讲给那些“油尽灯枯”的职员听，但无法提供实际的支持来解决过度疲劳的问题，比如她每天工作 14 个小时。他们希望她快乐、积极、成功，但是不给她需要的支持，或者必要的睡眠时间。以下是艾丽莎和她的同事们希望别人说的话和做的事：

- “我听到了你们的抱怨，我将与管理层会面，找到一种方法，让这种方法适用于每个人。”
- 充足的工资和合理的工作时间，允许工作之外的平衡。
- “最近工作真的很难。谢谢你的支持。这个项目完成后，我保证让你休息一下。”
- “谢谢你提出这个重要的问题。我们重视员工的意见和感受。让我们想办法解决这个问题。”
- 更少的聚会和培训，更多的实际工作支持，带薪休假和合适的项目截止日期。

外表或长相

几乎我所有的女性患者在治疗中都讨论过她们的外表和身体话题。莉娅就是其中之一。自从莉娅记事起，她就一直纠结于自己的身材。她采取的是“溜溜球”瘦身法[一]，经常沉迷于最新的饮食热潮或美容疗法。莉娅渴望改善身材，不惜一切代价追求美丽。她的饮食习惯完全控制了她的心理，使她无法过上充实而有意义的生活。她每个月都为自己制定新的限制，比如要吃什么、要在哪里吃。

莉娅有个习惯，她会向周围的人提起她对身材的担忧，试图让自己安心。我听说女人经常这么做，包括我自己。“天啊，我的屁股变得好大呀！”“我今天真的很难看。我需要锻炼啦。”我们公开地贬低自己，这样别人才会安慰我们。这是一个恶性循环，而且很难奏效。每当莉娅向朋友或家人抱怨她的体重或身材时，他们通常会这样回应：

- “不，你一点都没有变胖！你看起来棒极了！”
- “你的体重增加了吗？真的一点都看不出来！”
- “你看起来好瘦！”
- “我真想拥有你这样的身材！看看我的……（此处插入你不喜欢的身体部位）！”

这些交流和“赞美”总是让莉娅一再认可苗条就是理

[一] 指减肥者采用过度节食的方法而导致身体出现迅速减重又迅速反弹的情况。——译者注

想的状态。她的朋友们似乎试图安慰她："你仍然保持着'最好'的体型，你不应该担心。"他们的评论是善意和友好的，但是，莉娅找我讨论他们所做的一切，似乎都是在强化这样一个观念，那就是苗条是目标，避免体重增加是必须的。

在我们的治疗过程中，我们经常谈论"身体中立"[㊀]。你可能还听说过"身体自爱"，它很快就会变成另一种形式的有毒的积极性。这两者是不同的。"身体自爱"促使我们爱上自己的身体，在每一个凹凸、酒窝或曲线中找到快乐，而"身体中立"则让我们与自己的身体和平相处。"身体中立"的观点认为，你可以不用过多地思考自己的身体，也不用把它看作是积极思维或消极思维。你的身体只是你的身体，有时候你会喜欢身体的一部分或者全部，有时候你可能会纠结，但它仍然只是你的身体。尽管网上有铺天盖地的关于身体自爱运动的信息，并且引入了身体中立的概念，但对于很多人来说，对苗条的追求仍然是一个紧迫的问题。我们处处受到饮食文化的狂轰滥炸，这个价值数

㊀ "身体中立"的说法来自于安妮·波里尔，她是身体形象培训师，代表作《身体的快乐》。她于2015年启用"身体中立"这个词以帮助患者跟饮食和运动建立起一种更为健康和协调的关系。——译者注

十亿美元的产业竭尽全力让我们沉迷于“健康”或“苗条”的理念。莉娅很纠结，我也在挣扎，也许你也是。

我们可以学着更中立一点，对自己和他人的身材更有同情心，而不是只赞美某些人的身材。莉娅找我讨论了与体重或外貌无关的赞美，以及当某人陷入有毒的积极性或只是自我打击时，她如何转移话题。这是我们在治疗过程中提出的一些不同的观点：

- 赞美一些与身材或外表无关的东西，比如人们性格的某个方面，或者人们完成的某件事。
- 如果有人在谈论他们自己身体的负面影响，那就停止谈话或改变话题。
- 试着说说你的身体为你做了什么（例如，我今天能够徒步走完一整条小路），而不是关注你燃烧了多少热量；或者想想一项活动如何改善你的身体（例如，那次远足是如此艰难。我打赌今晚我赢了一个芝士汉堡。也许我会表现糟糕，吃完一个汉堡）。
- 当有人抱怨自己的身体时，不要赞美他们，试着改变话题或问他们为什么会有这种感觉。如果你说：“我有时候对自己的身体感觉很糟糕，我正在努力改善。”这有助于让他们感觉抱怨是正常的事，而不是淡化其严重性或用赞美来进行掩饰。

- 试着花时间谈论食物、热量和你的身体以外的话题。注意你的朋友和家人什么时候谈论这些话题，以及它们听起来如何或让你感觉如何。

经历创伤事件之后

詹姆斯在一个星期日的晚上给我发了一封神秘的邮件，询问更多关于心理治疗的信息。这封邮件清楚地表明，詹姆斯不想让我认为他“生病了”或“真的需要”服务。我打电话给他进行电话咨询，发现他在过去的几年里遭受了多么大的痛苦。当詹姆斯十几岁的时候，一个入侵者闯入了他的家，抢劫了他的家人，伤害了睡在他旁边床上的弟弟。自从五年前的事件发生以来，他一直经历着清晰、逼真的闪回（病理性重现）镜头、失眠和闯入型意念。他形容这次事件“没什么大不了的”，他“到现在应该没事了”，但很明显，这次事件对他的综合功能和安全感产生了巨大影响。

入室抢劫事件发生之后，詹姆斯试着跟朋友和父母谈论这件事。他们都告诉他会熬过去的。下面是他们的原话：

- “哇，你真勇敢！”

- “想想你学到的一切。”
- “至少你们都还活着。”
- “万事皆有因。你会挺过去的。”

就像在一次划船事故中失去了儿子的费尔南德斯一家一样，小詹姆斯很难理解为什么会发生这种事，除了经常感到不安全之外，他还了解到了什么？是的，他很感激他和他的家人都活着，但他也希望他的兄弟没有受到影响，他们的家仍然很安全。詹姆斯是一个青少年，他不想勇敢，他想做个孩子。

我对詹姆斯使用了“眼动脱敏与再加工疗法”（EMDR），帮助他消除病理性重现的镜头，让他的身体再次感到安全。我们每隔一段时间就用一根光棒引导他的眼睛去刺激他的听觉和触觉。詹姆斯专注于一个闯入他家中的令人痛苦的心理图像和随后的细节。我们正在整合创伤记忆以减轻詹姆斯的痛苦。每次 EMDR 疗程结束后，我们都会花时间处理他的症状对他的影响。詹姆斯说了很多，他多么希望他的家人和朋友能在这段创伤经历后给予他更多的支持。以下是他希望他们做的事情：

- 确认一下他的感受，不要低估这种感受。“我知道你为什么会害怕。这事儿真可怕。”

- 和他坐在一起，听听他的感受。尊重他的边界感，尤其是当他没有准备好说话或不想分享某个细节的时候。
- 少关注为什么会发生这种事情，以及他可能学到了什么。相反，关注他的感受，以及该事件对他的影响。
- 记住，即使事件已经结束，他仍然受到影响。

怀孕和育儿

怀孕和育儿都很难。我发现，没有人会公开谈论养育一个人是多么具有挑战性。我在写本章的时候已经怀孕5个月了，也被灌输了很多针对孕妇和父母的有毒的积极性。一旦你分享了你怀孕的消息，意见、警告和感激之情就会从每一个源头（家人、朋友、社交媒体、广告等）涌来。像许多育儿者一样，我也经常抱怨恶心、疼痛和妊娠纹。以下是我收到的一些经典的有毒的积极性语录：

- “享受每一分钟。”
- “你只需要等待。你以后会想把这段时间找回来的。”
- “庆幸自己能有孩子吧。”

- “每个孩子都是一份礼物。”
- “外面有很多人都想和你一样。”
- “怀孕的日子总是一段神奇的时光。”

每当我寻求支持或者肯定的时候，有人会这样回应我。我知道他们想帮忙，但罪恶感充斥了我的身体。我开始打击自己，封闭自己，不想向任何人寻求支持，因为害怕显得忘恩负义或遭到拒绝。我的很多孕妇和家长患者都有同感。为人父母的每个方面都要感激，这会给你带来巨大的压力，如果不这样做，你就是个不称职或者忘恩负义的家长。我们得改变当前的叙述方式。

老实说，怀孕的每一天我都很感激，但是，在那些日子里，我在马桶上坐了好几个小时，还要忍着呕吐物，这对于一个毫无头绪的脆弱患者来说，真是太难了。在我的皮肤长出妊娠纹的日子里，如果丈夫想抚摸我，我就会尖叫。在这些时刻，我很难心存感激。在没有喝水的情况下，每隔 30 分钟就起来小便，太难受了，我很难把这个孩子当成上天的礼物。尽管如此，我还是非常感激这个孩子和这次怀孕。因此，以下是我希望人们为我做的事情，以及我从患者那里听到的一些建议：

- 让我发泄一下，不要强求感激。我保证我很感激。

- 不要用别人不能怀孕的事实来让我回归现实。我知道我很幸运。这并不能减轻我的痛苦。
- 我要确认一下自己的感受，明摆着我只是在熬过一个艰难时刻。“哇，听起来确实很痛苦”，这话真的很管用。
- 只要露面并表示支持就好。送餐、发短信或主动帮忙洗衣服也很好。
- 记住每一次怀孕都是不同的。对你来说很神奇的事情对其他人来说却很痛苦。

种族歧视、性别歧视等不同类型的偏见

在过去的四年里，互联网和社交媒体已经成为一个越来越紧张的空间。但在2020年5月乔治·弗洛伊德[㊀]死后，网络爆炸了。人们愤怒地（而且可以理直气壮地）敲打着键盘，要求得到答案和正义。喊话声此起彼伏。我看到一些非常有趣的事情展开了。有毒的积极性几乎无处不在，主要是那些从未受到过这种不公正影响的人，他们通过手

㊀ 乔治·弗洛伊德（1974—2020），男，非洲裔美国公民，得克萨斯州休斯敦市人，美国警察暴力执法事件的死者。——译者注

机屏幕对着互联网的黑洞大喊大叫。评论滚滚而来：

- 难道我们不能彼此相爱吗？
- 让我们好好相处吧！
- 我们需要和平。
- 我们都是一个种族。
- 我看不出肤色差别。我爱每个人都一样！

是的，如果我们彼此相爱就好了。这也是我想实现的目标。如果我们都能和睦相处，那就太好了。严格来说，是的，我们都是人类。但这是现在最有帮助和最有成效的回应方式吗？

我永远不会假装自己是反种族歧视或反其他偏见方面的专家。在这个舞台上，我从一些优秀的老师和领导那里学到了很多，我想我还会在很长一段时间里继续学习，有时也会瞎搅和。当人们经历真实的、可测量的、显而易见的偏见和歧视时，我对我们应该如何回应他们感到非常自信。我知道，当别人感到沮丧时，以这种方式回应是一种轻视，最终什么也做不了。如果你已经说过上面列出的一些话，那没关系，暂停一下，深吸一口气。这并不意味着你是一个坏人。与任何一种有毒的积极性一样，你的意图通常是好的，但影响真的让人觉得很刺痛，在某些情况下，可能还会造成真正的伤害。也就是说，我们要意识到有毒的积极性，并思考为什么它可能对我们没有帮助。

有毒的积极性的核心在于，它不屑一顾，让谈话陷入僵局。它实际上是在说“不，你正在经历的那种感觉是错误的，这就是为什么你反而应该感到快乐的原因”。这与人们痛苦时想做的恰恰相反。当我们与那些正在挣扎或有过这种身份的人谈论种族主义或任何其他类型的偏见时，我们想要腾出空间来认可他们，然后采取行动，与导致我们走到这一步的体制做斗争。尤其是对如此团体中的生活毫无经验或感知的时候，我们更需要与之做斗争。现在是听从专家意见的时候了。不是每个被边缘化或者挣扎的人都有同样的感受。每一个残疾人，或者生活在一个更大团体中的人，或者有色人种，都会有一些不同的经历。他们不是单一的群体。这个时候，我们必须抛开陈词滥调，认真聆听。

我学到了一些我们可以说的话和做的事来代替社区里那些反种族主义教育者的言论。埃琳·马修斯（Erin Matthews）、雷切尔·卡尔格（Rachel Cargle）和塔拉纳·J.伯克（Tarana J. Burke）是众多教育工作者中的几位，他们为我提供了无尽的教育机会。我也从其他许多人身上学到了很多，他们正在与我们社区中的各种类型的偏见做斗争。我从这种教育中得到的最大收获是，谈话是廉价的，陈词滥调甚至更不值钱，我们必须学会如何行动。

下次当你觉得不得不用有毒的积极性来回应某人在这些情景下的挣扎时，你可以换用我收集的建议中的任意一条：

- 听有生活经验的人说：“我相信你。”
- 自己做调查。找到相关书籍、网站、播客并学习，体验自己成为这些边缘化群体中的一员是什么感觉。
- 与朋友、家人和同事讨论这些话题。
- 在网上关注这些群体中有影响力的人。
- 支持边缘化个体所拥有的企业。
- 公平支付员工薪酬，并在工作场所有足够的代表权。
- 让企业为他们的偏见负责。
- 投票选出支持这些个人的立法和领导人。
- 承认自己的错误，并制订一个计划，让自己做得更好。
- 提醒自己这是一个永无止境的过程。

当然，这不是一个详尽的列表，我们还有很多事情要做，但这是一个良好的开端。我们将在第八章讨论有毒的积极性是如何继续支撑这些体系的。

心理健康问题

莉兹在焦虑中挣扎，试图调和她对上帝的信仰和对心理健康治疗的需要。她终于鼓起勇气告诉了她的父母关于治疗的事情，但我们花了很多时间才谈到这一点。我和莉兹讨论了她的父母，以及他们的信仰是如何影响她的焦虑的。对他们来说，接受心理健康治疗是缺乏信心和极度沮丧的表现。

莉兹的父母经常说这样的话：

- “你没病！”
- “你拥有你需要的一切。你还有什么好担心的？”
- “你有太多值得感激和快乐的事情，请把注意力放在这上面。”
- “想些开心的事情，一切都会好起来的。”
- “你只需要更积极一点。”

这些类型的陈述在那些不完全了解心理健康问题的性质或复杂性的人群当中很常见。对他们来说，你的思想只是你用信念和更好的态度来控制和修复的东西。一个人可能真的想要快乐或者不那么焦虑，但是仍然无法从中振作起来，这些陈述对他们来说没有意义。

心理健康问题真的很复杂，而且原因并不单一。作为一名治疗师，我注意到，没有人比与这些问题做斗争的患者更希望好转起来。我从来没有遇到过一个真正享受与自己的心理健康做斗争而不希望好转的患者。我知道，从外表上看可能不是那样，但这是事实。他们通常很害怕，不知道从哪里开始，或者不明白事情怎么会不同。

眼睁睁地看着一个人与自己的心理健康做斗争是一种挑战。它会让你觉得自己深陷其中，无法拯救你在乎的人。这迫使你尝试各种各样的事情，比如有毒的积极性，试图提供帮助。莉兹明白，父母的意图是好的，他们想要帮助她。以下是她希望他们做的事或说的话：

- “我相信你，我知道你不想有这种感觉。”
- “我看得出你有多努力。”
- “我支持你，我是来帮你的。”
- 在她真正挣扎的时候陪伴她。
- 通过研究和提问，了解更多关于她正在处理的事情。

- 他们要承认，即使是拥有一切的人，仍然可能与自己的心理健康做斗争。

反省

- 你的生活中是否有过积极性无益的情况？
- 你的生活中是否有过积极性有益的情况？
- 如果你已经处理过以上 11 种情况中的任何一种，你希望得到什么样的支持或帮助？
- 本章如何帮助你理解人们希望得到支持的不同方式？

章首语：

很多人都有过更糟的经历，感激你所拥有的吧！

总会有人过得更糟，也总会有人过得更好。认识到事情变得更糟可能会给你一个新的视角，但不会让你的感受减轻。原本该感激的事情，你却抱怨上了，也没关系。

第四章

你何必感到羞耻

我很小的时候就掌握了伪装的艺术。不是那种你穿上裙子假装自己是公主的伪装——司空见惯的事情不同以往。这种伪装包括如履薄冰，隐藏任何不完美或不美丽的东西。那就是在悲伤的时候买个新衣柜，然后否认悲伤的存在。总是有新的消费、事件或旅行来掩盖和弥补每一个负面情绪的存在。我明白了，如果你要伤心，你最好有一个足够好的理由。我也敏锐地意识到，如果你有资源，就不能悲伤。总有人过得更糟，这就足以成为我们“一而再，再而三”地否认事实的理由。

很明显，我们都有“好感觉”和“坏感觉”。生活中发生了什么并不重要，你穿上衣服并面带微笑就算完成了任务。如果有人伤害了你，而你试图提起这件事，那你就是“消极”的。只要大家都相信你快乐，你就快乐。我意识到我的目标不是让自己真正快乐，而是让自己看起来快乐。

我们很多人都被困在这个陷阱里。在真正表达内心感受之前，我们在社交媒体上表现得很开心。当人们问我们感觉如何时，我们撒谎说："好极了！"我们强颜欢笑。我们假装是因为我们认为这是我们必须做的。我们害怕如果我们停止伪装会发生什么。我会把他们吓跑吗？他们能理解我的真实感受吗？最好别冒这个险，好吗？

回想起来，我花了那么多时间伪装。我假装很快乐，我假装很自信，我假装喜欢自己的身体。这变成了我的第二天性，就像按开关一样。老实说，我想这就是为什么我对 Instagram 上的一长串完美照片如此失望，以及为什么我很难和那些一直表现得很开心的人在一起。好像我知道他们的秘密似的。有一段时间，我真的相信假装是唯一的生活方式。我告诉自己我有经济保障，所以我不会伤心；我的身体很"正常"，所以我不能讨厌它；我上的是好学校，所以没什么好抱怨的。"我有太多值得感恩的事，别人的情况更糟糕，我应该感到幸福。"这些信息不断地在我脑海中回荡。堆积如山的感激之情倾注在我所有痛苦的情绪之上，直到我真的无法呼吸。体会沮丧或焦虑是很难的，而假装不沮丧或焦虑就难

体会沮丧或焦虑是很难的，而假装不沮丧或不焦虑就难上加难。

上加难。

在我 25 岁左右的时候，我意识到我已经完全被伪装弄得筋疲力尽了。我发现自己在苦苦挣扎于保持假象。于是我开始坦率地说出自己的感受，有些人会说我太诚实了。我不能和假装开心的人在一起。我开始注意到，我在社交媒体上的表现和我内心的感受完全矛盾。我在其他人身上也看到了这一点。一个因分手而哭泣的朋友上传了 10 张微笑的自拍照，并配文“生活真棒”。一个月没和孩子说话的妈妈贴了一张照片，上面写着：“我爱我的孩子！”当我在 Instagram 上滚屏浏览一张又一张图片时，有许许多多微笑的面孔盯着我。这并不是因为人们在社交媒体上很开心，也不是因为他们在粉丝面前不会呈现脆弱。他们不需要在公众面前表现脆弱，也不需要向全世界倾诉自己的感受。他们现实生活的状态和他们向世界展示的完全不一致。公开露面有压力，所以他们要隐瞒一切情绪。这种认识意味着结束人际关系和许多成长的痛苦。有毒的积极性慢慢地让人们失去对自我的控制。

我天真地认为我是唯一有这种感觉的人，但事实并非如此。一个又一个患者坐在我的沙发上，向我倾诉他们生活中的有毒的积极性。比如，来自朋友和家人的善意的信息，在吞噬灵魂的工作中度过的快乐时光，以及假装一切都很顺利的压力。我经常想知道我的患者的社交媒体页面是什么样的（我从来没有看过，因为我要坚守道德底线）。但我发现自己在问：这和他们在治疗中分享的东西完全矛盾吗？他们发布的信息中有多少是他们真正相信的？他们只是想让别人相信吗？

当我第一次接受治疗师培训时，我注意到他们非常注重积极思维和积极情绪。我们从精神疾病的角度学习了让人难受的情绪，目标是将消极情绪转化为积极情绪（正能量）。我想要彻底根除痛苦，而不是学习如何与痛苦共存，并处理好让我痛苦的情绪。我知道，我对我的第一批患者就像发糖果一样散发有毒的积极性。如果你正在阅读本文，我很抱歉。我以为这是你需要的。我的患者厌倦了向朋友隐瞒自己的感受，厌倦了在工作时面带微笑，厌倦了在洗手间独自哭泣后在 Instagram 上发照片。随着时间的推移，事情变得越来越明显，我们都对有毒的积极性感到厌倦，每个人都不敢说出来。说实话，我很高兴我不是一个人在战斗。

如何利用有毒的积极性对抗自己

这就是有毒的积极性对我们的影响。它将我们困在一种假装的生活中，直到我们再也不能这样做。它告诉我们，如果有人的情况比我们更糟，我们就不会悲伤。如果有值得感激的事情，感激一定是唯一的情感。它告诉我们应该感到快乐，我们应该从现在开始结束这一切。它让我们躲在一堆虚假的快乐后面，孤立而孤独。有毒的积极性会增加羞耻感、不足感和孤立感。虽然是出于善意，但它对我们没有任何帮助。

当我们说这样的话的时候，我们就是在用有毒的积极性来对抗我们自己：

- “应该从现在开始结束这一切。”
- “我应该开心。”
- “我有太多值得感激的事情。”
- “别人的情况更糟糕。”
- “我不应该有这种感觉。我的生活是如此充实。”
- “别人还巴不得遇到我这样的问题呢。我的境遇没那么糟糕。”

有毒的积极性在很多方面危害我们，比如：

- 结束对情感的好奇和探索。
- 因为你的“消极”而羞辱你。

- 让你不想接触别人。
- 抑制情绪，使其更强烈、更难管理。

有毒的积极性告诉我们，我们的感觉是错误的，我们不应该有这种感觉。它要求我们对任何类型的痛苦都有一个“足够充分”的理由。当我们相信某些情绪是我们应该感受到的，而另一些是我们不应该感受到的，以及我们更多地体验后者而较少地体验前者时，我们注定会感到羞愧。这就是为什么我们最终试图通过购物、食物、酒精、社交媒体等任何我们能用到的麻痹形式来压抑和掩盖所有让我们难受的情绪。我们想要尽快摆脱痛苦，这样我们就可以避免一开始就感到羞耻。为自己经历了对刺激的正常生理反应而感到羞耻，不会带给我们任何结果。这种经历只会以更多的羞愧、假装和隐藏而告终。

当我们使用有毒的积极性来对抗自己时，它会阻碍我们的好奇心和对情绪的探索。想想吧。当你难过的时候，有人说“开心就好”，你还会一直说你有多难过吗？不会。你可能会停下来，就此结束谈话。我们试图否认一种情感的存在，是因为它与我们认为应该存在的东西不一致。但问题是：情绪不是智力。你不能认为情绪会消失，也不能否认情绪的存在。情绪并不总是真实的，有时我们会错误地解读它们，但它们的存在是有原因的。告诉自己，你不应该觉得有些事情无法改变现实。

每当我试图用积极的态度来掩饰自己的感受时，我总是会感到内疚或羞愧，或者两者兼而有之。内疚感告诉我们做了坏事，羞耻感说明我们是坏人。当我们谴责自己有某种感觉，或者试图用积极的想法和感激来掩盖自己的感受时，这种做法会让我们感到羞愧、孤立，害怕与他人分享我们的感觉。如果其他人都开心，我们也应该开心。如果我们有消极的感觉，那么一定是我们有问题。

有毒的积极性也会完全抑制人际交流。如果我相信其他人都很快乐（因为他们告诉我并向我展示了这一点），而我在挣扎，你最好相信我没有告诉任何人我的感受。因为如果我告诉他们我感觉不好，我想那会导致评判或批评。当我们感到孤独，好像只有我们在经历某些事情时，我们很难与人沟通。有毒的积极性告诉我们，我们应该一直保持快乐，其他情绪都是败笔。但如果我们都感受了这么多事情而我们却在不必要的情况下独自承受呢？如果我们在痛苦时的相似之处多于不同之处呢？如果我知道你也感到痛苦，我就会更容易分享我的挣扎。这真的会减轻我的压力，让我可以自由自在。

为什么这些正面肯定不奏效

我 17 岁的时候去看过心理医生。在第二次治疗中，他让我站在镜子前，对自己说“我爱我自己”和“我是值得的”之类的正面肯定。后来，我再也没有回去找他治疗。

老实说，正面肯定对我来说总有点勉强、不真实和尴尬。这些年来我一直在尝试，因为人们对它们赞不绝口，但我总是感觉更糟。亲身体验之后，我很难鼓励我的患者使用正面肯定。

如果你处于一个非常黑暗的境地，正面肯定感觉就像厚颜无耻的谎言。我发现没有人愿意承认这一点。就像我们一遍又一遍地被告知，积极思维应该并且必定会起作用，所以我们只是不断地重复“我是最好的”“我爱我自己”。请想一想：这真的对你有用吗？我做错了什么吗？

我不否认语言的力量。语言是非常重要的，它是我与患者打交道的一个重要部分。每次我写这篇文章的时候，总会有人告诉我，我需要研究一下积极思维和语言的力量。是的，科学很清楚，积极的语言在某些情况下对我们有积极的影响，而消极的语言对我们的心理和身体有消极的影响。但这也不是那么黑白分明。

积极思维和正面肯定对自尊心强的人更有效。对于自尊心较弱的人来说，积极思维实际上适得其反。这些人最终意识到这些话不太真实，这可能会导致更多的抑郁。研究还发现，过度乐观还会增加患抑郁症的风险，因为过度乐观已被证明在面对风险或困难情况时缺乏心理准备。

现实不是这个简单的公式：重复的正面肯定＝幸福。

有几个关键的原因可以解释为什么正面肯定可能对你不起作用：

如果你认为正面肯定不真实，那么它就不会起作用。

假设你的目标是爱自己。那样很好，但你不会每天都感受到那种爱。“爱自己”也是一个相当模糊的目标。你可能不知道这是什么意思。可能还是会有一些事情困扰着你，比如你感觉不好的日子、你照镜子的时候、消极想法蜂拥而来的时刻。如果你真的不喜欢或不尊重自己，爱自己似乎是不可能的。如果你认为你的目标是永远爱自己，那么在那些正面肯定难以整合的日子里，你会觉得自己很失败。

如果你讨厌自己，开始一遍又一遍地重复“我爱我自己”，这可能会让你一时感觉良好。但很快它就会变成噪声。你会感到虚假和空虚。如果你同成百上千和我分享过这种场景的人一样，那么，你可能会觉得自己很失败。这不是你的错。此时此刻，这种肯定实在是太牵强了。

如果正面肯定没有伴随行为上的改变，那么它就不会起作用。

这种肯定必须由行动来支持，而行动会告知信念。如果你继续从事否认这个信念或完全拒绝支持该信念的行为，正面肯定将变得更加难以整合。

你必须同时审视自己的思想和行为。你不妨做个很棒的练习——问问自己："我该如何把正面肯定付诸行动？我该如何向自己展示我想要相信的东西？"

如果我们继续肯定"我爱我自己"，我想知道：

- 爱自己是什么样的？
- 我怎样才能表现出我爱自己？什么样的行为能证明这种信念？
- 即使困难重重，我也要表达爱，那如何做到呢？

如果不努力去创造内心的接纳、爱和自尊，那么正面肯定就不会起作用。

当我们进行自我肯定时，我们试图达到一个爱、接纳和自尊的境界。为了相信正面肯定，我们必须相信自己值得被善待。如果你仍然坚持一个核心信念，即你不值得被爱或被善待，那么正面肯定就会变得空洞。我们必须真的相信，正面肯定和其他关于我们的积极的事情都是真实的。

我发现，从某些事情是真实的可能性开始，用正面肯定来创造灵活性是很有帮助的。所以，如果你想爱你自己，这就是当你很难得到接纳、爱和自尊时，如何让正面肯定更加灵活和可信的方法。

与其说“我爱我自己”，你还不如说：

- “我可以学会爱自己。”
- “我承认我不会每天都爱自己。”
- “即使困难重重，我也会努力展示自己的爱。”
- “如果我今天不能爱自己，明天我会再试一次。”
- “有时候爱自己很难，但我仍在努力。”

当我们为同情和可能性打造空间时，我们创造了思维的灵活性。这让我们在感觉正面肯定不真实的时候产生了同情心，并为有一天它会成真的可能性腾出空间。

如何让自我肯定对你有效

语言是非常强大和重要的工具。如果你创造了正确的正面肯定，它们会帮助你实现目标，促进你的心理健康。自我肯定是你经常对自己重复的东西，当你感觉很好或者情绪低落的时候，你就会用到它。还有什么比你整天自言自语更重要呢？自我肯定可以是我们对自己的感觉、一个目标，或者只是一种整体感觉。比如，“我坚韧乐观”“我学会了爱自己”“我知道自己的真实情况”。

自我肯定的效果最好的时候是：

- 与你当前的价值观保持一致。
- 真实的。
- 可实现的。
- 有实际行动作为后盾。
- 用来赋予而不是掩盖或消除一种痛苦的感觉。

首先，让我们来谈谈如何让你的自我肯定与你的价值观相一致。你的价值观是你生命中最重要的东西。它们决定了你生活中的优先事项，以及如何判断你的生活是否如你所愿。当你的行为符合你的价值观时，生活通常会让你感到很满足；当你的价值观和行为不一致的时候，你就很难熬过这一天。研究表明，当自我肯定支持你已经存在的价值观时，效果最好。这意味着，确定你的价值观是决定肯定的一个重要步骤。

为了让你的正面肯定与你的价值观一致，问问自己：

- 我的核心价值观是什么？

- 什么对我来说很重要？
- 我的价值观在我的日常生活中是如何体现的？我在哪里花的时间和精力最多？
- 有什么值得我关注的价值观吗？

一旦你确定了自己的价值观，你就可以创造一种自我肯定。确认一下自我肯定，然后解决下面的问题清单。要评估你的自我肯定是否可信，问问自己：

- 我愿意相信什么？
- 这种信念可能吗？我能想象一个这样的世界吗？
- 如果感觉不可能，我该如何调整自己的正面肯定？

自我肯定需要让人觉得是可能的事情，甚至有可能是真实的事情。这将取决于个人及其所处环境。对你来说是真的，对我来说可能是不可能的。如果我从“我想爱我自己”开始，而这实际上感觉不太可能，我可能会把自我肯定改成“我要接受我自己”或“我要试着爱我自己”。加上诸如“可能”“可以”或“尝试”之类的词，可以帮助你更灵活地表达自我肯定。

自我肯定也必须是可以实现的。这意味着，你需要感觉你可以通过自己的精神和身体努力来实现自我肯定。再说一次，这是非常私人的，我能做到的对你来说可能做不到。我们每个人都是不同的，并且在生活中会遇到不同的支持和障碍。尽量避免绝对的自我肯定，就像“总是”或“从不那样”，因为它们更难实现。

要评估你的自我肯定是否可行，问问自己：

- 这对我来说是真实的吗？
- 即使现在不可实现，我是否觉得这是可能的？
- 我能找到实现目标所需的资源或支持吗？
- 自我肯定是灵活的，还是涉及“总是”或“从不”之类的词？

现在没有足够的资源和工具来实现你的自我肯定，没有关系。你要关注的是这对你来说有多现实，以及是否有可能实现目标。我们很多人在成长过程中都听过诸如“你可以做任何你想做的事情”或“唯一阻碍你的是你自己”的信息。然而，我不得不说这不是真的。这有点儿扫兴。我们必须考虑在特殊情况下自己可以实现什么。

当我还是个孩子的时候，我必须戴一副镜片很厚的眼镜。这使我的眼睛在镜片后面看起来大了五倍。没有这副眼镜，我甚至认不出我妈妈。他们当时没有让我戴隐形眼镜，所以我不可能成为游泳队的第一名，也不可能参加接触性运动。如果有人陪我去游泳，有人教我如何在看不见的情况下潜入水中游泳，我还能做到吗？当然能。但我会花很多时间去学习一项不值得的技能。我就会错过培养我已经具备的其他技能。我们都有不同的目标、天赋和能力。如果你身高 1.6 米，要在 NBA 中获得一席之地，可能性不大，这没什么大不了的。那些 NBA 球员永远不会成为体操运动员。重要的是找到自己的各项技能，以及如何获取有助于提高技能的资源。

要决定如何用行动来支持你的正面肯定，问问自己：

- 自我肯定在行动中会是什么样子？
- 当生活在这种自我肯定中感到困难时，我该怎么办？
- 我要做什么，或者我需要做什么，才能让自我肯定成为可能？

大多数积极思维的文学作品忽略了行动的力量。他们的方法严格地集中在思想上。思想是强大的，但行动更有力量。一旦你产生了一个自我肯定，你就需要去实践它，否则它永远不会成真。如果你总是说“我爱我的身体”，但总是批评自己，一次又一次地尝试节食，你不会觉得你爱你的身体。这一步非常重要。我想让你试着找出一两种方法，让你每天都能实现自我肯定。你将如何证明这个想法是正确的？一开始你可能会觉得这是强迫的或奇怪的，但随着思考和行动的重复，它会变得更容易。

为了确保你不是在用自我肯定来掩盖另一种痛苦的感觉，问问自己：

- 自我肯定的目的是什么？
- 自我肯定会阻止我处理另一种感觉吗？
- 自我肯定能帮助我处理情绪吗？
- 自我肯定给我的感觉是支持还是否定？

有时候，自我肯定可能有点儿太积极了。这通常发生在我看到事情出错的时候。这时的自我肯定被用来掩盖其他的事情，通常是更大更痛苦的事情。如果你刚刚失去了一个亲近的人，你很悲伤，每天重复“我爱我的生活”并不能消除悲伤。你还是得熬过去。如果你正在经历一些非常困难的事情，最好有一个自我肯定来帮助你走出那种情绪。如果我很悲伤，我可能会说“这很困难，我会熬过去的”或者“我很悲伤，但我坚韧乐观”。它有助于确认你所感受到的真实情感，并添加一些让你充满力量的东西。

当我们创造出符合自己价值观的自我肯定，并且是可信的、可实现的、有行动支持的，此外还支持我们的情感体验时，很多好事就会发生。正确的自我肯定可以让我们从憎恨某事物的情绪中走出来，看到中立的可能性，进入中立状态，并感觉正面肯定有可能就此发生（也许是大多数时候或某些时候），我们就能通过自己的思想和行为去实践正面肯定。

需要注意的是，没有什么肯定是每时每刻都正确的。你永远不会一直对自己的身体或生活的其他部分感到满意。我们的目标是接受，提高为情绪波动保持空间的能力，并相信善待自己是允许的，也是有益的。当你练习这种培养自我肯定的新方法时，它将慢慢成为你的第二天性，你将潜移默化地培养那些支持你和你当前现实的自我肯定。

你需要感受那些难受的情绪

一天傍晚，我打开电脑浏览器，艾丽已经登录进行虚拟治疗了。她坐在卧室的地板上，写着作业，周围摊开了各种笔。她很年轻，但她的洞察力远远超过我的许多成年患者。我发现自己每次都能从她身上学到一些东西。艾丽和她母亲的关系很混乱。我们大部分时间都花在讨论边界和处理她们最近的冲突上。

艾丽在治疗过程中经常道歉。这是她在她母亲不高兴时学会的。她为自己的感觉而道歉，为自己忘记了一些事情而道歉，为自己的生活给我带来了负担而道歉。每当她道歉时，我都会开玩笑地说："如果你不能在这里分享你的感受，那你能在哪里分享呢？我的工作就是倾听！"她笑着点点头。我向艾丽保证，她不必担心我或我的感受，但这是她的天性。她总是为某人或某事担心，很少关心自己。让她多关注自己，少关注别人，是我经常发现自己在做的事情。

艾丽的习惯性道歉和深刻的洞察力，可能源于她需要不断地管理她母亲的情绪。她的母亲很古怪，要求很高，而且非常挑剔。小时候，艾丽承受了母亲的许多指责，努力让家里变得更加平静。她不得不压抑自己所有痛苦的情绪，因为根本没有空间容纳这些情绪。她母亲的情绪充满了整个房间，她能感觉到。

这位母亲处于情绪波动图的一个极端，她感觉充实，她的感受通过她的行为变成了其他人的问题。她不知道怎么自我调节。正因如此，艾丽学会了生活在情绪波动图的另一个极端。她已经成为伪装的大师，压抑情感，表现得好像一切都很好。从长远来看，这两种极端都不是有益的，也不是可控的。我们必须想办法让艾丽走到中间，即使她的母亲永远不会改变也无妨。所以，我和艾丽开始帮助这位母亲接触和表达那些她认为是“消极的”、具有挑战性的情绪。

没有负面情绪

有毒的积极性和使用正面肯定的持续压力告诉我们，有些情绪我们应该感受到，比如幸福和快乐；有些情绪我们应该绝对避免，比如愤怒和厌恶。有成千上万的书籍、视频和网站致力于帮助人们从生活中消除各种形式的消极情绪。目标是到达一个美丽的地方，在那里你的思想是和平和快乐的，你的头脑是清晰的，没有什么会让你心烦。

剧透警告：这个美丽的地方根本不存在。

情绪是对环境刺激的一种非自愿反应，我们无法完全控制自己的情绪体验。我们通过适当的技能训练和调节良好的神经系统，可以学习如何对我们的情绪做出反应，增强我们的行为，但我们永远无法完全控制我们的情绪。这种类型的行为控制对于那些经历过创伤、患有导致神经系统失调的疾病或没有足够技能管理自己情绪的人来说，可能更具挑战性。你从来不会有意识地对自己说：“嗯，我想，当那辆车猛然刹车的时候，我会害怕！”你只是在做出反应。

与人们普遍认为的相反，消极情绪是不存在的，只有一些对人们来说更难以体验或更痛苦的情绪。人们越压抑这些情绪，它们就越难以管理。有些人可能会在快乐或平静中挣扎，而另一些人则会避免愤怒或焦虑。我们通常所说的消极情绪是悲伤、愤怒、恐惧和厌恶。这些往往是我们想要压抑或避免的情绪，因为我们不喜欢它们带给我们的感觉或它们影响我们的行为方式。这些情绪很难控制是有原因的。它们让我们的大脑释放皮质醇，即压力激素。然后，前额皮层就无法有效地处理信息。我们学习或集中注意力的能力会严重受损，我们的内心会挣扎。但这些情绪实际上在我们的生活中扮演着重要的角色，有助于保护我们。

难受或痛苦的情绪（如愤怒、恐惧或厌恶）可以帮助你：

- 识别重要的东西。
- 识别令人烦恼的人或事。
- 指出需要关注的事情，如一段关系或健康问题。
- 知道你什么时候处于危险之中。
- 识别你什么时候需要休息或继续前进。
- 决定你需要一个边界或更多的灵活性。

- 评估社会情势。
- 从错误中学习。
- 变得坚韧乐观。

事实上，完全避免这些情绪和情绪上的痛苦是不可能的，你越是尝试，你就会经历越多的痛苦。我们不需要学习如何摆脱具有挑战性的情绪，我们需要学习如何与它们共存和相处，并解决问题。

心存感激，否则就惨了

当我们挑战情绪或抱怨时，我们经常会用到或被迫用到感恩。无论你往哪里看，都有人或事告诉你，你应该感谢你头上有屋顶、你盘子里有食物，甚至要感谢你的创伤。

- “谢天谢地，情况没有更糟。”
- “至少你拥有……（插入你应该感激的东西）”
- “你有太多要感激的了。”
- “人们的生活多么美好，他们不可能沮丧。请往好的方面想。”

感恩就像幸福一样，已经成为我们必须履行的义务。我们的文化告诉我们，没有它，你可能注定要过着悲伤和孤独的生活。每时每刻都需要感恩，这让人筋疲力尽。

那些苦苦挣扎的人真的感到了感恩的压力。如果你很焦虑，那是因为你没有把注意力放在好的方面；如果你正在悲伤或者处理有关失去的事情，你需要记住你所拥有的，不要太在意已经逝去的；如果你很难怀孕，你就不能抱怨怀孕或者那些深夜喂养；如果你在纠结“头上有屋顶、桌上有食物”的问题，你最好有点儿远见，因为别人的情况比你糟糕得多。这是真的，对吧？总有人在某个方面比你差，在另一个方面比你好。我认为，我们也可以承认，某些特定人群在关键领域挣扎得更厉害，这确实降低了他们的生活质量。当然，诸如贫困、食品不安全、失业、缺乏教育、虐待或忽视等问题将对人们产生持续一生的负面影响。

这个逻辑的问题在于，我们只知道我们知道的。我们都生活在自己的轨道之内，如果我告诉一个饱受饮食失调折磨的人：“全世界都有人在挨饿。感激你有食物，吃点东西吧！”那将会是难以置信的耻辱，而且毫无帮助。当一个人在挣扎的时候，他很难把这两种现实联系起来。另外，这两件事同时发生。这个人正在与饮食失调做斗争，世界上还有数百万名儿童面临食品不安全的问题。一个人的幸运不能抵消另一个人的痛苦。

感恩本应让我们意识到生命中我们所珍视和珍惜的东西，如今却变成了一件让我们羞耻的武器。在我们痛苦挣扎的时刻，我们用感恩来对付自己和他人。我们用感恩来让人们噤声，停止对话。如果我们为坏的事物腾出空间，并欢迎好的事物呢？也许这样我们就能体会到感恩的真正好处。

什么是感恩

感恩的概念容易理解，但往往难以付诸实践。感恩是一种欣赏他人和我们周围世界的整体取向。我们用这种观点来做决定，创造关于我们生活的故事。感恩被认为是一种可以在整个生命周期中培养和改善的可塑特质。这也是一种信仰，可以被挑战或被增强，这取决于一个人的生活环境和他如何概念化生活中的事件。

关于感恩的文献并没有真正解决感恩特质在不同人口结构中的普遍性。我们所知道的是，感恩与年龄、性别、教育水平和就业状况有显著的关联。与年轻人、男性、受教育程度较低的人和失业者相比，老年人、女性、受过高等教育的人和有工作的人在感恩特质上得分更高。这些结果表明，感恩特质在人群中的分布并不均匀，我们不可能对每个人都采用同样的策略。实际上，最近的一项研究发现，当考虑人口统计学因素的影响时，感恩特质是未来主观幸福感的弱预测因素。对不同人群的感恩水平的评估，存在着明显的文化、性别、社会和个性差异。同样明显的是，生活经历和获得某些资源对一个人表达或体验感恩的能力也会产生影响。

感恩有用吗

感恩清单、日记、提醒，还有肯定的话，每天都充斥着我的 Instagram。通常这些照片显示的是一个瘦弱、白皙、健全的人在自己精心布置的厨房里。他们告诉我，无论发生什么，我都要心存感激，“总有值得感激的事情”。当我挣扎的时候，那个“命令”会刺痛我。我有义务去寻找一线希望，但这并不适合我。

在过去的十年里，关于感恩及其对精神病理学、心理健康、整体幸福感和身体健康的潜在影响的研究激增。不幸的是，有关我们得知的感恩的许多好处的证据，实际上相当有限。

感恩和身体健康之间的关系还没有得出定论。感恩干预似乎对一些心血管和炎症标志物产生了积极影响，并改善了睡眠质量。然而，感恩练习对身体功能的影响与其他分心类型的练习的影响没有区别。目前还没有令人信服的证据支持感恩与慢性疾病或慢性疼痛患者的疼痛感降低之间的因果关系。最后，感恩似乎不能直接预测身体健康结果。我知道这与我所学到的很多关于感恩的东西相矛盾。当我作为一名新治疗师为癌症患者及其照顾者工作时，感恩干预是首选的处方。人们普遍认为，与那些没有参加感恩练习的人相比，强化感恩之心可以帮助一个人以更好的速度恢复健康。你很可能会在公共大厅里发现癌症患者后援团，他们分享着自己感恩的事情，或者医生会告诉患者，如果他们想要康复，他们的态度是多么重要。

最近的研究确实表明，定期进行感恩练习对心理健康、情感健康和社会健康都有一定的好处。有证据表明，像写日记这样的感恩干预，如果定期进行，确实能改善情绪健康。这是有道理的。感恩让我们把注意力集中在生活中美好的事物上，这常常给我们一种控制感。如果我们只关注我们缺乏或无法控制的东西，那只会导致更糟的感觉。现在难办的是寻找感恩与健康的平衡点，两者都需要确认。

不幸的是，感恩并不能减轻精神疾病的症状。研究表明，积极的心理干预并不总是适合有精神病史的个体，其有效性在很大程度上取决于个体所拥有的资源和其当前生活中的逆境。当一个人患有精神疾病时，把感恩作为一种最初的治疗或应对方式，甚至可能是有害的。虽然有人建议，培养一种感恩的意识有助于人们预防逆境后的心理健康斗争，但患有精神疾病的人应该谨慎使用。需要注意的是，这些工具不是万能的，当它们代替了正式的心理健康治疗时，可能是有害的，尤其是在更严重的精神疾病的病例中。

正确的人在正确的时间使用感恩这个工具时，它是一种强大的工具，但是，若将它应用于所有的人和所有的情况，我们就必须小心谨慎。

我知道我应该心存感激，但是……

我和丹尼一直在讨论他和他母亲之间的关系。他非常内省，对自己要求非常严格。据我所知，他的病史中没有任何严重虐待或情感忽视。他形容自己的童年是“正常的”。所有的评估都表明，他的母亲实际上很有爱心，她非常努力地满足他的需求，但丹尼和她的其他三个孩子不同，她非常努力地与他相处。这意味着他的童年是在被孤立、被误解和“与众不同”的感觉中度过的。

丹尼花了大约一年的时间来接受这样一个事实：他可能会对自己的童年有一些质疑，甚至对母亲有一些负面的感觉，但同时也对自己所拥有的一切心存感激。他总是使用这样的开场白："我知道我应该心存感激，但是……"然后他又说："我拥有了一个孩子想要的一切。我知道还有很多人比我更惨。即使在这里谈论这些，我仍然感觉很糟糕。"丹尼把他自己和他的朋友进行比较，他知道他们在孩提时代经历过情感或身体上的忽视，并且不断地利用他们的经历来贬低丹尼。他的感激之情只会让自己感到羞愧。

我知道，我以前觉得自己像丹尼，也许你也是。就是这种感觉：我不能沮丧或不开心，因为我有太多值得感激的东西。我在抱怨之前会说"我知道很多人的情况更糟……"，从而让人们明白，我不是一个彻头彻尾的怪物，我只是为一件小事感到难过。也许我会接着说："但我会挺过去的。就这个小问题找上我，我已经很幸运了！请不要评判我！"这是一种永无止境的循环，感觉就像在表达任何不适之前，你必须表达感恩之情。

你不能强迫别人感恩

感恩是很重要的，有点儿远见总是好的。这是我经常和我的患者一起做的事情。我们总是试图找到灰色地带，为伤害我们和支持我们的东西腾出空间。承认这两者给了我们空间去哀悼我们的损失，并持续发挥其作用。如果我们总是专注于我们缺乏或所失去的东西，生活将是不可思议的黑暗，并充满挑战。当我们试图强求感恩时，问题就出现了。

强迫的感激之情是这样的：你今天过得很糟糕。你的车抛锚了，你被困在路边，并且因此错过了一个重要的工作会议。你的老板很生气，你知道修理你的车会让你倾家荡产。这很烦人，很让人沮丧，也很费时间。你打电话给你的妈妈发泄一下，也许还会向她征求去哪里修车的建议。她回答说："你应该感谢你有一份工作和一辆车。有些人还巴不得有这些问题呢。一切都会解决的。"感激之情被强加在你身上，也许你开始感到一丝羞愧或后悔，但你仍然心烦意乱，并试图找到解决这个问题的方法。"她说得对，很多人没有车也没有工作，我应该感激才对。"但这不管用，因为你情绪激动，没有工作车辆，你的工作可能岌岌可危。这种观点是有道理的，但它完全没有效果，还会让你有负罪感。

相反，我们想为当前的感受留出空间，然后让感激之情自然地流入。让我们继续用这个坏车的例子来说明如何做到这一点吧。

1. 确认一下你现在的感觉："我感到不安是有道理的。我的车坏了，我让老板很失望。我的工作对我来说真的很重要，但是我现在没有足够的积蓄来修车。”

2. 如果现在有什么东西需要修理，请专注于解决问题：“我需要离开路边，找个地方修理我的车。我还需要和我的老板沟通一下，弄清楚我今天什么时候可以回去工作。”

3. 调节你当前的情绪，直到你能平静下来。当我们感到痛苦时，逻辑推理是一种挑战。使用你的一些情绪调节技巧来帮助你回到那一刻，清理你的头脑，集中注意力。这可能需要一些时间或多次尝试。

4. 有点儿远见吧。当你眼前的担忧被解决，你感到被认可时，你可以从某种角度寻求感激。这时候看看你的生活中有什么进展得很好，你有什么经历是有帮助的。这并不意味着其他困难的东西不存在；这一切都是同时发生的。在这种情况下，我可能会说：“我很高兴拖车能把我的坏车拖走，我没有受伤。我可以和我的老板解决这个问题，因为我通常是一个靠谱的员工。”

你可能需要根据事件或者感觉的强度，在逆境的循环中穿行几次。在某些阶段挣扎或者卡住是很正常的事情。

如何让感激之情为你所用

有很多方法可以让你一整天都充满感激。记住，没有认可和情感处理，感恩是不存在的。在你使用这些增强感恩能力的技巧之前，确保你已经准备好接受和体验感恩，这很重要。如果你感恩的节奏太快，可能会感到被迫和无助。

以下是一些你可以定期做的事情，用来帮助你提高感恩意识：

- 务必关注和认识生活中的好事和坏事，并为它们留出空间。你通常要从自己最纠结的部分开始感恩，以后这会对你有帮助。
- 写下你感激的事情。你可以记录一个特定的话题、列一个清单、画一幅画，或者做任何能让你的注意力转移到感恩上的事情。
- 说谢谢并感谢他人。帮助别人的感觉真的很好，这也改善了我们的社会联系。一定要说声谢谢，要微笑，要赞美别人。

培养感恩之心，最重要的是要定期去执行，而不仅仅是在激烈挣扎的时刻才执行。你越能确认自己的感受，有效地解决问题，并培养自己的远见，就越有可能形成持续的感恩状态。

请记住：问题总是相对的。总会有人比你过得更糟糕，总会有人比你过得更好。那也不能阻止你去感受。我们可以同时为确认和感恩腾出空间。“确认”就是“这很难，但我知道我可以做得更好”；“感恩”就是“我感激我所拥有的。我知道其他人的情况更糟。我知道情况可能会更糟”。“其他人的情况更糟”或“事情没什么大不了的”，都不会改变你的感觉，关键是要平衡这两者。

我们可以同时为确认和感恩腾出空间。

这里有一个“确认与感恩互为搭档”的例子：“我现在正在经历的是艰难的和让人沮丧的。我允许自己承认这一点。在确认这一点之后，我会心存感激。我知道我有很多值得感激的地方。但是，别人的努力越大，并不代表我的努力就越少。”你可能会从创建自己的感恩声明中受益，它能认可你的感受，并为事情变得更好的可能性留出空间。

反省

花点时间想想感激之情，诚实且公开地回答以下问题：

- 你是什么时候学会感恩的？关于感恩，你学到了什么？
- 你是否曾因为压力而不得不表达感激之情？
- 你怎样才能把感恩融入你的生活，让它变得有意义，并且让你感觉更好？

章首语：

你的思想创造你的现实。

你的思想是强大的，但不能创造你的全部现实。你是一个充满活力的人，会受到许多不同的人、地方、事物和系统的影响。我们可以创造系统性的改变，使人们能够用他们的思想去进行启迪和激励。

第五章

如何处理情绪

艾丽莎的工作时间很乱，所以她将治疗减少到一个月一次。就像大多数不太频繁的治疗一样，我们会在治疗的前半段时间填补信息。她很孤独、过度劳累、精疲力竭，她穿着厚厚的感情铠甲，我几乎无法穿透。“我做得好。我会挺过去的，”她低声说，可惜声音又低又弱。我和艾丽莎之间的对话总是这样不着边际。她来接受治疗，告诉我她没事。我盯着她阴沉的眼睛和灰暗的肤色，很清楚她对我或她自己说的都不是真话。艾丽莎不让自己有任何感觉，工作的麻木和疯狂的步伐不会阻止情绪的渗透。不管她喜不喜欢，她的感情都会表露出来。

我决定再追问一下，问问艾丽莎到底是怎么回事：“这是你工作上的事儿，还是我错过了什么信息？”

她盯着地板，思考着下一步该怎么做，而我静静地坐在那里，希望我的怀疑能稍微击破她的感情铠甲。艾丽莎告诉我，她所有的朋友都结婚了，也都生了孩子，然后“开始新的生活”。她感到不知所措。“我的工作快把我折磨死了，但这是我的全部。”一滴眼泪从她脸上滑落，她迅速擦去。

我决定再次提醒她：“你有这种感觉吗？你似乎对这一切都麻木了。如果是我的话，我不确定我是否能把这一切都保密起来。”我能看出她就卡在那里，完全不知道接下来该怎么走。我尽量保持安静，让她回答我的问题。她抬头看着我说：“我真的不知道我会有什么感觉。这到底是什么意思？”她的沮丧是显而易见的，这是那些长期压抑和逃避自己情绪的人的典型表现。他们不知道如何感受一种情绪，否认似乎是唯一的选择。我想试着告诉艾丽莎走出这个恶性循环的方法，教她如何感受自己的情绪。

什么是情绪

情绪是所有人都会经历的事情，但我们体验它们的方式并不相同。很多人把“感觉”和“情绪”这两个词混用，但两者不是一回事。

- 情绪是一种生理体验（比如心跳加快或呼吸困难），它给你关于世界的信息。这是一个复杂的反应模式，由事件的重要性决定。

- 感觉是你对情绪本身的有意识的觉察。

感觉来自于有意识的体验，而情绪源于有意识或潜意识的显化。有些人能够通过情感教育和实践去体验一种情感，并给它起一个名字或建一个标签，使它成为一种他们能够理解和体验的感觉。这是一种传授和学习的技能。你并不是天生就知道如何去做事情，而且每个人都有各种各样的情感体验。很多人，比如艾丽莎，真的很纠结。艾丽莎有情绪，但她没有感觉。她对自己情感经历的否认和压抑使得她很难理解这种感觉。对于那些不知道自己的情绪、情绪在身体里的感觉及情绪显化的状态的人来说，这是一种常见的体验。对他们来说，他们的情绪和他们的体验是不相关的。这意味着他们可能需要在很长一段时间内持续体验这种情绪，才能意识到它的存在。让这种情绪持续下去，会在身体和精神上产生负面影响。

我们的情绪是怎样形成的

最初，情绪被认为是人类生活中微不足道的一部分，不值得研究或调查。查尔斯·达尔文确实认识到情绪有一定的效用，对我们的生存和适应能力至关重要，但从这一认识中，他并没有收获太多其他东西。20 世纪 90 年代，心理学家彼得·萨洛维（Peter Salovey）和约翰·梅尔（John Mayer）提出了第一个正式的情商理论。他们将其定义为“监控自己和他人的感受和情绪、区分它们并利用这些信息指导自己的思维和行动的能力”。

今天，关于情绪是如何运作的，有几个著名的理论。我喜欢莉莎·费德曼·巴瑞特（Lisa Feldman Barrett）提出的理论。在《情绪》（*How Emotions Are Made*）一书中，巴瑞特博士解释说，情绪不是与生俱来的，它们是我们一生中不断发展的东西，我们如何感受和表达我们的情绪，很大程度上取决于我们独特的经历。这些体验让大脑成为“预测学习机”。我们接受新的体验，并将它们与过去的体验进行比较。我们此刻感受到的情绪是大脑给予这些内部和外部感官体验的瞬间意义。巴瑞特博士解释说：“情绪是你的大脑对你此刻感受的最佳猜测。情绪不像电路一样连接到你的大脑，它们是按需制作的。”这一切都是无意识地发生的，在很大程度上我们并不知情。这意味着，我们的情绪是基于我们身体和周围环境的感官输入、我们的目标及我们的记忆而产生的。

如果我们在成长过程中有很多负面的经历，生活在一个可怕且不可靠的环境中，或者不知道某些情绪或身体感觉意味着什么，我们的预测很可能会让我们陷入很多麻烦。随着年龄的增长，我们必须学会如何解释和管理自己的情绪。艾丽莎的经历让她以某些方式来解读情绪。这也会影响她在经历某些情绪时的行为，并显示出她为何如此倾向于否认和压抑情绪。如果我们不知道如何解释、处理和管理情绪，情绪将对我们的内心世界和外部世界产生重大的负面影响。

情绪是如何工作的

我们知道，当我们体验一种情绪时，会发生三件事：身体和大脑发生变化，我们的思想发生变化，我们通过行动或行为对这种情绪做出反应。情绪不只是头脑中的想法，它们也会使身体产生真正的变化。当你有情绪反应时，大脑会改变身体里发生的事情；当你害怕或生气时，你可能会感到心跳加快或呼吸加快；当你感到悲伤的时候，你可能会痛哭流涕。情绪也会导致你身体的一些肌肉自发运动或为运动做准备。体内发生的很多事情都是完全无意识的，你甚至可能都不知道自己在做什么。身体也可能先于思想做出反应，引导你根据身体发生的事情来解读情绪。如果你感到心跳加速，你可能会认为这是兴奋或焦虑；如果你感到胃里翻腾，脑袋里一片模糊，你可能会把这理解为恐惧或困惑。

当你体验一种情绪时，你可能会注意到你的想法经常会随着这种情绪而改变。思想也会导致情绪的发展或加剧。例如，如果你开始注意到你的心跳加快、呼吸困难，你可能会开始有焦虑的想法，比如，我在这里不安全，或者我需要离开这里。如果你躺在床上想一些让你焦虑的事情，你的身体会开始做出反应，就好像它正在经历真正的威胁。这是因为大脑无法完全区分真实的威胁和想象的威胁。你的想法会引起恐慌。

情绪最终会通过我们的行为产生最大的影响。我们最原始的情感，如恐惧，是用来保证我们的生存和安全的。如果你被一只熊追赶，你的心跳会加快，肾上腺素会在血管中流动，你会被迫采取行动，通常是逃跑。这种情绪反应对我们的生存至关重要。幸运的是，自从我们经常被熊追赶以来，世界已经发生了巨大的变化，但我们的大脑没有变化。这意味着，我们的行为是高度反应还是反应不足，取决于威胁的程度。患有社交焦虑症的人可能会有被评判的感觉。他们的身体紧张起来，感觉所有人都在盯着他们，他们开始想“我要离开这里!”身体上的感觉，加上他们焦虑的想法，导致他们逃离众人集聚的房间，并在接下来的几个月里避免社交场合。他们真的受到威胁了吗？如果他们待在房间里，他们会死吗？可能不会，但他们感觉自己会死，这就是为什么他们会逃离。这就是为什么理解我们的情绪并开发处理它们的工具如此重要。

不标记、不体验、不分享自己情绪的隐患

情绪抑制是一种情绪调节策略，我们使用这种策略是为了让不舒服的、压倒性的想法和感觉更可控或完全消失。这是许多人在童年时学会的策略，成年后仍在使用。在适度的情况下，情绪抑制实际上是有用的或中立的。但是，如果我们经常抑制情绪，可能就会对我们的身心健康有害。

你可能试图抑制自己的情绪，或者用很多不同的方式来消除情绪。以下是我们抑制情绪的一些常见方法：

- 饮食。
- 使用药物或酒精。
- 通过电视、工作或其他方式分散自己的注意力。
- 旅行。
- 社交和不断地与人相处。
- 锻炼。
- 帮助他人。
- 使用积极的谚语或其他类型的自助和自我完善方法。

在很多情况下，这些实际上是良好或中立的应对机制。你不需要完全停止或者给它们贴上坏标签。当我们持续使用这些应对技巧来避免、压抑和否认某种感觉的存在时，问题就出现了。它不可避免地加剧了情绪上的痛苦。

我们用来麻痹和分散注意力的某些方式更容易被社会接受。当有人说："我工作太忙了！我没有时间顾及我的婚姻和我的孩子！"我们更倾向于原谅和合理化。我们想，他们工作太努力了，这个家庭得益于他们的辛勤工作，他们有所忽视是无可厚非的。

但是，当有人通过性或酒精来麻痹或逃避情绪时，这种判断就有点儿悬了。

无论我们决定如何逃避情绪，情绪逃避策略通常会把我们引向同一个地方。

苦恼、不适和焦虑都是生活中不可避免的一部分。情绪逃避策略通常只是暂时的、肤浅的解决办法。这种逃避策略强化了不适、沮丧和焦虑等经历是糟糕或危险的想法。它会降低你面对和忍受必要痛苦的能力。压抑也需要大量的精力，往往会让你感到疲惫，因为你开始需要越来越多的努力来掩盖这种情绪。

逃避和分心不一样。事实证明，许多分散注意力的技巧在当下是有用的，并且可以让你处理更多的情绪。逃避是不接受的表现，是努力去麻痹、消除和否认正在发生的坏感觉。情绪逃避通常不起作用。当你告诉自己不要去想某件事的时候，你必须去想“不要去想它”。当你试图避免一种情绪时，你往往最终还是会感受到它。通常情况下会比这糟糕十倍。

随着时间的推移，情绪抑制还会对身体和精神造成一些实际的不良后果，例如：

- 产生关于你试图推开的话题的更多想法。
- 焦虑和抑郁的风险增加。
- 肌肉紧张和疼痛。
- 恶心和消化问题。
- 食欲改变。
- 疲劳和睡眠问题。
- 高血压。
- 心血管疾病。
- 感觉麻木或空白。
- 感觉紧张、心情低落或压力大，大部分时间不理解为什么。
- 倾向于忘记事情。
- 当其他人谈论他们的感受时，你感到不安。

- 当有人问及你的感受时，你感到痛苦或恼怒。

在你开始标记、体验和分享你的情绪之前，重要的是调查你倾向于抑制什么情绪，以及你是如何抑制它们的。

- 首先，找出一两种倾向于突然出现在你生活中的情绪。
- 你通常用什么策略来避免这种情绪？
- 逃避总是有好处的（优点）。这种逃避为什么感觉良好或有用？写下几个原因。重要的是要确认一下，逃避情绪常常会产生短暂的、积极的影响。
- 现在写下这种情绪逃避的缺点。它给你的生活带来过痛苦、折磨，或者其他问题吗？

不要压抑自己的情绪，你可以学习更有适应性的技巧，如标记、体验和与他人分享你的情绪。

给你的情绪贴标签

只要知道你正在经历什么情绪，并能够给它贴上标签，就可以改变你的情绪体验，帮助你感到更放松。心理学家马修·利伯曼（Matthew Lieberman）进行了一项研究，使用功能磁共振成像（fMRI）扫描被试的大脑。研究人员发现，当被试用语言来标记他们感受到的情绪时，他们的杏仁核（大脑中与情绪困扰相关的区域）的活动减少了。他们提出，用语言表达一种情绪并给它贴上标签，会抑制大脑中产生情感痛苦的区域。

也有事实证明，这种方法是有效的治愈方法。我一直在对艾丽莎进行治疗。首先，我调查她身体里发生了什么。这将帮助她了解自己的情感体验，以及她的身体和心灵如何解读这个世界。我们花了很多时间在这里，因为这对她来说是新鲜事儿。她在治疗过程中感到平静，但她指出，在工作时，她的胸部通常会感到紧绷，尤其是当她和某些同事在一起的时候。你可以使用下面的问题来完成我和艾丽莎使用的相同过程。如果你是创伤事件之后的幸存者，或者你曾经苦苦挣扎于精神分裂或病理性重现，最好是与一个值得信任的专业人士或同伴一起度过。

1. 花点时间和你的身体融洽相处。你可以舒服地躺下或坐着。找到一种让自己感觉踏实的方法。把你的背靠在像墙或椅子这样坚固的东西上，把你的脚牢牢地放在地上，可能会有帮助。

2. 再次睁开或闭上眼睛，从头到脚扫描你的身体，只要你觉得最安全、最舒服就行。花点时间去注意那些突然出现在你面前的感觉。

3. 当你注意到一个地方有紧张或放松的感觉时，不要做任何事情。只注意到这种感觉就好。没有判断，没有问题，没有分析。

4. 在你的身体中是否有一个地方感觉更强烈？你能进入那个地方进行实地检查吗？你正在经历什么感觉？是越来越淡还是越来越浓？

5. 现在花点时间让自己沉浸在当下。看看你周围的环境，回归内心的自我。恭喜你，你刚刚完成了身体检查。

这个练习将帮助你检查自己的身体，了解更多体验这些感觉的方法。如果你像艾丽莎一样，已经真的麻木或断开了社交联系，你第一次做练习的时候可能没有任何感觉。没关系的，继续练习吧。

在进行以上练习之后，我和艾丽莎开始给这些情绪贴标签。以下是我问她的一些问题：

1. 如果你能给这种情绪起个名字，会是什么？

2. 如果你身体里的这种感觉可以说话，你认为它会说什么？

3. 这种感觉和你以前有过的感觉一样吗？如果有过的话，你当时是怎么称呼这种感觉的？

4. 你如何描述这种感觉？

5. 我们来试试。你说“我感觉________”时，对吗？

6. 当你选择一个表达感觉的词时，说“我感觉________”，尽量避免说“我就是__________（插入一种感觉）”。

有四千多个表达感觉的词语来描述我们的情绪状态。以下是一些常用词汇：

快乐	孤独	担心
被爱	失望	焦虑
宽慰	绝望	怀疑
满足	不悦	烦恼
逗乐	失落	紧张

如何体会自己的情绪和感觉

在接下来的治疗中，我和艾丽莎回顾了如何寻找她身体的感觉，并给这种感觉贴上标签。她说，她对自己的身体感觉越来越敏感，但仍在努力给它们贴上标签：“我只是不明白我应该如何感受一些东西。这对我来说没有任何意义。”我向她保证，这种情况很常见，我也在与之斗争。今天，我们将开始学习如何真正体会这些情绪，以及体会的过程是什么样子。

艾丽莎知道，她的情绪主要是通过两种方式形成的：

- 她的身体通过生理感觉做出反应。她接受这些感觉（通常是下意识的）并加以解释，然后通过她的思想在她的头脑中创造一个故事。
- 她正在思考某事或从环境中接受刺激。她的身体对这些想法做出反应，帮助创造她的整体情感体验。

这是我们许多人都经历过的情绪循环。身体和思想一起工作，创造我们自己的个人情感体验。我们的思想和身体感知帮助我们准确地识别我们的感受，这决定了我们将如何处理这些信息。如果你想更多地控制自己的行为，你真的需要去体会那种情绪，让它在你体内流动。如果你反应太快，你可能会误解你的情绪，或者说一些违心的话。如果你等得太久，你就有可能压抑自己的情绪，甚至在身体上或情感上受到伤害。所以，在注意、识别和标记之后，随之而来就是感觉。

当我们谈论“体会”感觉的时候，我们真正想说的是：你必须允许自己去体验全部的情绪，上下左右，360 度无死角。你必须让你的身体完成压力循环，并决定你想如何处理这种感觉或情绪。有很多方法可以真正体验你的感觉和情绪，其中大多数都不是经过深思熟虑的智力决策，但你也得考虑到。

下次你注意到你身体里的情绪时，尝试回答一下我问艾丽莎的问题。然后试着给这种感觉贴上标签，并给它取名。现在到了艰难的时刻：你不能对这种感觉麻木不仁或加以逃避。相反，你要去体验它。下面是一些体验这种情绪的方法。

- 运动：出去散步，伸展身体，以你觉得合适的方式锻炼身体。
- 深呼吸：缓慢的深呼吸有助于调节压力反应。你可能想使用手机上的应用程序，或者让你的治疗师陪你练习。
- 社交联系：走到公共场合，与人进行随意、积极的互动。即使只是对咖啡师为你煮咖啡微笑，说声“谢谢”，也会有帮助。
- 欢笑：欢笑有助于建立和维持社会关系，调节情绪。你可以和朋友一起笑，或者看一个有趣的视频来帮助你放声大笑。
- 触摸：拥抱或亲吻你喜欢和信任的人。你也可以双手环抱自己的胸部，给自己一个拥抱。安全的身体接触有助于调节神经系统。

- 写日记：事实证明，写下自己的感受，可以帮助人们管理和处理自己的情绪，并做出更好的决定。
- 哭泣：一个行之有效的方法，对我们的精神和身体都有宣泄作用。
- 大声说出来：你可以和值得信任的人或专业人士一起处理情感上的事情，这非常有用，可以让你的标签技能派上用场，也可能有助于决策和安全的情绪处理。
- 创造性地表达自己：创作艺术、写一首诗，对处理情绪非常有帮助。
- 完成一项任务：在烹饪、清洁、园艺或用手做一些事情时，进入一种流动状态，可以创造一种成就感，并帮助你消除一些胡思乱想。
- 听音乐：音乐被证明可以提升你的情绪和动力，减轻压力。听一些鼓舞人心、让人平静下来的东西，或者能激发你想要体验的情绪的东西。
- 睡眠：如果使用得当，睡眠是处理情绪的好方法。先睡觉，醒来之后专注于某种情绪，是一种有效的冷静方式。
- 只要感觉一下就好：这是一项可能需要一些时间的

> 技能，但它非常有用。有时候感觉并不意味着什么，你不需要行动。所以，你要做的就是保持冷静，让某种感觉达到顶峰之后再慢慢退去。你能这样做的次数越多，你的感觉就越不容易堆积和无法承受。

有时你不得不推迟感受某种感觉，因为你在工作或和你的孩子打交道。不是每一种感觉都能在那一刻充分感受到，这没关系。重要的是，你正在把一周中的每一个时刻都考虑进去，每时每刻都关注并真正体验你的情绪。你做的次数越多，情绪体验就会变得越容易。你甚至可能开始体会自己的情绪，并在没有计划的情况下以一种有意识的方式处理这些情绪。

如何分享你的情绪和感觉

我们可以自己体会自己的感觉，也可以从与他人分享感觉中受益匪浅。人类是社会动物，通过情感体验建立联系，让我们形成社会纽带，处理我们的感觉，最终让我们感觉更好。出于各种原因，表达感觉对很多人来说都是一项挑战。也许你从未学会如何体会一种情绪，或者当你表达自己时，你遭到了羞辱或忽视。我们不是打娘胎里出来就知道如何体会、标记和表达我们的情绪，在社区里有各种各样的性别和文化规范来决定情绪的表达方式。对我来说“正常”的可能对你来说并不正常，这也没关系。

当我们提到某人如何表达他们的感受时，我们就是在谈论他们的影响。情感是一个人内在情感体验的外在表达。对大多数人来说，情感和环境之间是一致的。例如，如果你被告知你的宠物去世了，预期的反应将是流泪或某种形式的悲伤。对于一部分人来说，他们对情感的外在表达可能没有意义，也不是大多数人的标准表达。他们的外在情感表达也可能与他们内心的感受完全不一致。

我们表达和调节情绪的能力可以被我们的经历改变或影响，尤其是在童年时期。某些身体、神经和精神健康状况也会阻碍情绪表达，或使以“社会可接受的方式”交流感觉变得更加困难。患有脑瘤、脑损伤或痴呆的人也可能会因为大脑重要部位的结构性损伤而在管理和宣泄情绪方面有很大的困难。抑郁症、精神分裂症、双相情感障碍、分裂情感障碍和创伤后应激障碍等精神健康诊断也可能导致不适当的影响。这些人通常没有失去体验情绪的能力；相反，他们已经失去了让它们以正常和预期的方式发生的能力。这可能是由于妄想、幻觉或错误的思维模式，通常可以通过药物或行为干预来治疗。

如果你一直纠结于你的情绪表达，记住你必须学会如何体会和表达你的情绪，有时我们没有最好的老师。体验和表达情绪的方式也多种多样。你必须找到适合自己的方式，但在你的文化或你生活的地方，这可能并不总是被认为是“正常的”。如果你纠结于此，那并没有什么问题，有时我们必须教会自己和我们爱的人如何表达我们的情感。

有毒的积极性对我们的情感交流能力有很大的影响。我们害怕分享自己的感受，因为这样会显得“消极”或“忘恩负义”。想要拥有一切的压力使我们被困在装饰精美的笼子里。我们不需要和每个人分享所有的事情，我们可以保持自己生活的隐私。但是，当我们只分享美好的东西，把所有的挣扎都隐藏起来时，耻辱感肯定会产生。如果你在成长过程中被告知要把情绪藏在心里，或者任何负面的东西都要隐藏起来，你可能已经得知，表露情绪只会让你陷入更多的麻烦，所以你把一切都藏在心里，因为这样更容易。你学会了独立是一种美德，需要别人是一种弱点。我在办公室里经常看到这个现象。我知道很多有成就的人仍然感到空虚，他们表面上蒸蒸日上，内心却不知道如何满足自己的需求。他们不知道如何建立联系或分享故事；他们甚至不知道他们有权建立联系或分享故事。记住，你对关注和联系的需求是原始的。你自己处理所有事情是没有任何奖章或奖励的。你最独立或最“强大”，没有奖杯可以颁发给你。你并不软弱，因为你需要别人，你需要支持。你有权表达自己的情绪，这是你做人的标配。

你有权表达自己的情绪，这是你做人的标配。

与他人分享情绪的方法

你不必和每个人分享你的情绪，有些人和环境并不利于有效地分享情绪；有些人没有能力帮你渡过难关。我要你永远记住，没有人有权知道你的故事。你可以随意分享，多少都行。也有一些人可能会对特定的话题感到安全，而其他人则不然。

以下是一些与他人分享情绪的指导方针。

找个安全的人一起分享。安全的人的标志如下：

- 我可以分享我的感受，而不用担心关系结束或遭遇惩罚。
- 这个人尊重我的底线。
- 这个人鼓励我成长、改变，让我变得更好。
- 这个人尊重我在身体和身体接触方面的边界感。
- 在这个人身边，我通常会很脆弱。

- 这个人会承认自己的错误，并乐于接受反馈。
- 这个人避免使用批评和蔑视来攻击我或让我觉得自己不足。
- 这个人会听我的。
- 这个人有能力和经验来帮助我解决这个问题。
- 和这个人讨论这个话题让我感觉很舒服。

你也有权利在分享之前建立一种关系，你不需要和每个人分享，即使他们要求或推动你分享。过度示弱会让你感到暴露和不被支持，这不是有毒的积极性的解药。重要的是，你要根据自己的条件和正确的人分享。如果你支持某人，你可以说："我真的很想支持你，但我现在感觉做不到。"你可以用另一种方式创造安全感和人际纽带，直到你们的关系变得更牢固。

选择合适的时间和地点

在分享之前考虑一下你的环境。想想你身在何处，对你和接收信息的人来说是否安全。嘈杂或拥挤的空间可能会让你突然感到不安全。评估你周围的环境，经常审视自己。你也可以慢慢来。你不需要分享一个完整的故事或加快分享的节奏。

尊重边界感

记住要尊重自己和他人的界限。我们永远不知道别人经历了什么，也不知道他们会如何接收某些信息。

你在分享自己的情绪时，不要添加这些轻视的动作、词或短语。

- 放声大笑！
- “这没什么大不了的，但是……”
- “哈哈！”
- “随便吧！”
- “我不在乎！”
- “一切都好，但是……”
- “你可能不在意，但是……”
- “没关系！”

告诉对方，你需要从他那里得到什么。

- “我现在真的需要发泄一下。”
- “我在寻求一些建议。你能帮帮我吗？”
- “说实话，我只是需要有人倾听。这一周太难熬了。”

如果人们总是知道我们想要什么就好了，但他们通常不知道。试着告诉他们：你的期望是什么，他们如何能提供帮助，以及你需要从这种情感分享中得到什么。

记住，对方的反应并不能否定你的情绪体验。

如果他们不理会你，忽略你的需求，或者不认同你，没关系。这并不意味着你做错了什么。你可能需要选择另一个人、另一个治疗师分享或交谈。不要让这事儿阻止你的分享。

适合你的情绪表达

使用这些工具来帮助你体会和表达你的情绪会改善你的心理健康。然而，我们必须小心，在太多的情绪表达和太少的情绪表达之间找到完美的平衡。我们知道，不表达情绪，尤其是长时间不表达情绪，会导致精神分裂、慢性疼痛或疾病、无法有效沟通、难以建立人际关系、失眠和闯入型意念。这就是为什么我们要学会如何识别自己的情绪，给自己的情绪贴上标签，并以一种健康的方式表达情绪和感觉。

不幸的是，过多的情绪表达也会对我们的生活产生负面影响。如果你总是在工作的时候哭泣，或者在网络上发布各种感受，可能会有一些困难的后果。我们之前讨论过，在不同的文化、性别和特定的情境下，人们对情绪表达有不同的期望。例如，你可能可以在家里和你的配偶自由地表达你的情绪，但你需要能够在重要的工作会议上隐藏你的情绪。在所有的人、地点和情况下都可以接受的情绪表达，没有一个标准的数量。重要的是，你要找到适合自己的情绪表达类型和数量。

花点时间想一想下面的问题：

- 在我的生活中，我可以安全地与哪些人分享我的情绪？
- 在我的生活中，哪些方面需要我改变或隐藏我的部分情绪？
- 在我的生活中，我在哪些方面可以放心地分享我的全部情感经历？
- 有什么文化规范可能会影响我表达情绪的舒适度吗？我想把这些规范融入我的生活吗？
- 有什么性别规范可能会影响我表达情绪的舒适度吗？
- 是否有某些人或某些地方让我难以表达自己的情绪呢？

你可以利用这些问题的答案来帮助你决定在何时何地分享和表达你的情绪是安全和有效的。情绪表达的目的是让自己感觉更被理解和被支持，而不是感觉更糟。这意味着，选择在何时何地和谁分享我们的情绪，是非常重要的因素。

章首语：

当你爱上你所拥有的，你就什么都不缺。

你不必热爱生活的每一部分，即使你这样做了，你仍然可能需要或想要更多。你不需要以感恩的名义接受更少的东西或受到更差的对待。让自己对现在的一切心存感激，对潜在的未来充满希望。

第六章

如何有效地抱怨

抱怨的名声真的很臭。某些文章和专家们坚持认为，太多的抱怨会“降低你的共鸣能力”，阻止你实现梦想、拥有朋友、过上你想要的生活。他们建议你把消极情绪从生活中剔除，尤其要远离那些抱怨的人。

抱怨是我们每个人都会做的事情，尽管我们尽了最大的努力去改掉所谓的坏习惯。这是因为它是我们与他人建立联系和情感的主要方式之一。这是一种有效的方式，用来分享你的感受和联系，并唤起听众的同理心。抱怨是我们让人们知道我们需要什么，以及如何满足我们的需求。它也让我们看到什么是重要的，什么可能会让我们感到有点儿困扰。

我们知道，从生活中过度压抑情绪和消除所有抱怨会对你的健康和幸福产生负面影响。同样，太多的抱怨对你没有好处，还会带来负面的后果。关键在于找到平衡，有效地抱怨。

花点时间想想你和抱怨的关系：

- 你觉得分享抱怨很舒服吗？
- 抱怨过后你感觉如何？
- 你在成长过程中收到过哪些关于抱怨的信息？
- 当别人抱怨的时候你是什么感觉？

我们每个人都与抱怨行为有着独特的关系，这种关系是由我们的性格、性别、文化规范和我们所接触到的东西所塑造的。抱怨的话题各种各样，有的被认为是可以接受的，还有的则被认为是不恰当或令人讨厌的。每个人都有自己的抱怨“门槛”。你可能会注意到，你可以在一定程度上倾听或同情某人，当你做到这些时，你就大功告成了。

什么是抱怨

根据定义，抱怨是对某事不满或烦恼的表达。这不是天生的坏事。我们总是对生活的某些方面感到不满和烦恼，谈论它确实有一些用处。

人类喜欢抱怨。我知道这一点，因为我的工作就是每周陪着人们发泄、抱怨和处理问题。想要有个发泄的地方，就是人们要求与我合作的常见原因之一。这也是山姆每周都来我家的原因之一。我想大多数人会把他的行为描述为抱怨，而我把它看作一个镜头，透过镜头可以看到他的需求和对他重要的事情。

山姆谈论他的商业伙伴、他的妻子、他的经济状况和他的孩子。虽然他在治疗中倾向于消极，但他很感激，还自我反省，并在需要的时候为自己的行为负责。山姆喜欢分享和寻求认可。这种分享对他来说似乎是一种宣泄，但有时我怀疑他是不是抱怨太多了，我们的治疗越来越像发泄时光，而不是专注于改变导向目标的特定治疗。有时我听到自己的脑后有个声音说："来吧，惠特尼，干预一下。他需要改变。给他一个建议。打断这一连串的冗长抱怨。"我偶尔也会屈服于那声音，但每次都很后悔。

最近，当山姆为妻子整理衣服的方式感到惋惜时，我介入了。我停顿了一下，便问他这种抱怨是否有帮助，并试图把话题转向与他的伴侣设定界限，我看得出他吃了一惊。山姆抬头看着我，好像他还没有完全吐露自己的心声。他张着嘴，看上去不是困惑就是恼怒。我不确定。但我知道的是，我打断了他正在处理的事情，他当时想让我做的就是倾听。山姆还没有准备好接受我的建议，坦白地说，他从来没有向我征求过任何意见。在后来的面对面治疗中，我们探讨了为什么山姆似乎在治疗中寻求认可，以及他在家里可能得不到认可的其他原因。我们也谈到了在治疗之外的空间寻找认可，包括自我认可。他的发泄和抱怨有一定的治疗价值。我在笔记本上做了记录，让我忽略我的脑海中告诉我要过早介入的声音，我要亲自确认一下，在治疗过程中，如果我允许他顺其自然地表达，总有一些富有成效的东西等着我去发现。

我们都是山姆。我们的目光所及之处，到处都是抱怨的场景：有人在抱怨高速公路还没完工，有人在抱怨他们讨厌的老板，有人在抱怨制造堵车的家伙。我们甚至抱怨不停抱怨的朋友。我们是不是抱怨太多了？也许吧。我们不是在有效地抱怨吗？可能。但老实说，抱怨是人类宣泄和联系的一种古老方式，它永远不会消失。

抱怨对你有害吗

像任何事情一样，抱怨太多会对你的精神和身体健康产生负面影响。反复出现的消极想法往往会导致更多的消极想法。过度抱怨也会导致你释放更多的压力激素皮质醇。研究证明，皮质醇水平升高会干扰记忆和学习，降低免疫功能，并增加血压和胆固醇。过度抱怨和反思也会让你陷入困境，难以建立社会关系。过度抱怨常见的后果之一是对你的人际关系产生负面影响，因为它会让人厌烦。我们可能喜欢抱怨，但是，倾听很多抱怨也会变得很有挑战性。

有人认为，过度抱怨的数量极具个性化，取决于气质、性格、生活经历和遗传等因素。例如，和蔼可亲的人格特质与较少的抱怨有关。外向的人对社交场合中的细微差别也更敏感，这意味着他们可能会意识到社会对抱怨的反对，并在达到这个临界点之前停止抱怨。即使在非常不满意的时候，外向的人也不太可能为了维持社会关系和社会认可而抱怨。

判断你的抱怨是否过度的最好方法，就是看看它是如何影响你的生活的。过度抱怨最终会让你感觉很糟糕，让你陷入困境。它不会解放你的思想，不会让你与他人建立联系，也不会让你感到解脱。相反，它让你觉得被困住了。我们知道，过度抱怨对我们的健康没有好处；我们也知道，压抑情绪和试图一直保持积极的态度也没有好处。适量的抱怨会让你明白什么重要，让你的世界发生改变，帮助你从别人那里得到重要的反馈，并有效地处理你自己的情绪。

我们为什么抱怨

我的大多数患者在抱怨之前都会说：“我知道我不该抱

怨，但是……”我很快就会问他们：“是谁对你说你不该抱怨的？”如果你渴望分享一段经历及它对你的影响，但你对这种需求感到羞愧或内疚，我认为这是值得探索的。抱怨确实在我们的生活中起到了真正的作用。一旦我们发现如何有效地整合它，伟大的事情就会发生。

抱怨通常有两个目的：改变别人的行为和使自己感觉更好。我们抱怨的主要原因之一是宣泄，即发泄我们的挫折感。研究发现，如果让不经常抱怨的人写下他们对某个问题的不满，当他们能够写下自己的抱怨时，比写下前一天无伤大雅的事情时的感觉更好。试图压抑情绪通常会导致人们反复思考或者小题大做，这说明分享和承认抱怨是多么有价值。这种类型的练习也为这类问题提供了一个“抱怨回收站”。你坐下来，看看是什么困扰着你，把它写在纸上，最后你可以走开，把它留在那里。对于较大的问题，你可能需要更强有力的干预，但是，简单的日记写作对于那些较小的抱怨往往是真正有效的。

抱怨确实
在我们的生活中
起到了
真正的作用。

不是所有的抱怨都是关于不满情绪的。我们也会用抱怨来影响别人对我们的感觉。你可能有一个朋友在餐馆里抱怨葡萄酒的质量，以此来证明他的品位有多高；又或者他在谈论最近一次度假时旅馆的房间有多恶心。太糟糕了，他再也不会待在那里了！这是使用抱怨来制造优越感或使我们自我感觉良好的一种经典方法。通过抱怨一些“不好”的事情，我们正在展示权威，建立我们的地位，并使我们自己与“好”的东西保持一致。这种类型的抱怨被用来表明你是某种类型的人，并在一个群体中建立归属感。请在你们的谈话中注意这一点。我打赌你会经常看到这些现象。

我们也用抱怨作为讨论积极事件的切入点。我经常这样做，我注意到我的很多患者也这样做。在写这本书的过程中，我发现自己把对作品的抱怨当作一种讨论书作的方式。对于婚礼、怀孕等积极的事情，我们经常会讨论压力或消极的症状。这话说得有道理：“我们真的很想分享这个激动人心的里程碑，但我们常常觉得，有人会认为这样的分享就是自吹自擂或傲慢自大。”比如，我们说：“天啊，这场婚礼花费太大了。我真不敢相信这些食物的价格！”我们让自己有机会讨论对我们重要的事情，并围绕这个话题建立社会联系。

我们用抱怨来从别人那里获取信息，并评估他们对某些问题的看法。如果你在同事面前抱怨你的老板，你可能希望了解他们对老板的感觉，看看你在办公室里是否有盟友或敌人。你把分享抱怨作为建立联盟的一种方式，并找出谁是你的团队中的一员。这也可以让你评估你在未来可以表达哪些类型的意见和抱怨，这些意见和抱怨会被团队验证、支持和分享。这种类型的抱怨可以帮助我们建立社会联系，让我们感觉被那些与我们有共同抱怨的人看到、听到和接受。

我们渴望同情和关注是我们抱怨的另一个主要原因。想想你抱怨的事情。当你分享的时候，你在寻找什么？我敢打赌，很多时候这是一种验证，比如："哎呀，这很烦人！"或者，你可能需要别人的一些实际帮助。抱怨会提醒别人，我们需要帮助，并让他们知道如何支持我们。比如，我们说："嘿！看着我！我真的需要帮助！"这话帮助其他人认识到我们正处于痛苦之中，并说明我们正在与什么做斗争。如果你从不抱怨或分享困扰你的事情，那么其他人就不可能知道你需要帮助。我认为这种类型的抱怨是重要的类型之一，因为它是我们在社区中获得社会支持的方式，也是我们对他人产生同理心的方式。

也许我们抱怨的一个非常重要的原因是让人们对他们的行为负责。在小范围内，你可能会在餐馆弄错你的订单时这样做；在大范围内，当我们要求政府为未兑现的承诺负责时这样做。如果我们想要改变什么，我们必须让大家知道我们的抱怨。这种分享方式通常被认为是"消极的"。我们必须记住，历史上大多数主要的社会正义运动都是从抱怨开始的。有人注意到有些事情不对劲，就指出来，鼓起勇气说出来。这些类型的抱怨往往遇到的阻力最大，因为它们迫使我们审视自己，承认自己的错误，并承担一些真正具有挑战性和必要的工作。如果世界要发生真正的变化，我们绝对需要这种抱怨。

抱怨可以让我们感觉更好，能影响别人对我们的看法，帮我们建立社会联系，让我们收集信息，还鼓励同理心，促使我们做出真正的改变。抱怨在我们的生活中扮演着非常重要的角色，也是一种技能；如果我们对其使用得当，效果会非常好。

为什么抱怨会困扰我们

抱怨可以带来一些相当复杂的情绪，因为它迫使我们面对真正的问题，它往往使我们在这个世界上感到无助。我们可能想让谈论社会正义问题的人保持沉默，这对他们来说很重要，但这会让我们感动崩溃，让我们不得不承认自己的特权。我们不想谈论我们朋友的健康问题，因为这会让我们面对自己的死亡或无力帮助他人。我们不想花时间听别人分享他们烦恼的事情，因为我们自己的事情太多了。听别人抱怨通常是最容易让自己不爽的方法之一，尤其是当我们不明白别人为什么抱怨，或者他们想从我们这里得到什么的时候。

某些特定类型的抱怨往往比其他的抱怨更烦人。精神病学家埃里克·伯恩（Eric Berne）称之为“拒绝帮助型抱怨者”，这是一种比较烦人的类型。他们分享一个问题，然后得到解决问题的建议，却接着说“是的，但是……”，并继续拒绝你提出的任何解决方案。我曾接触过许多陷入这种模式的患者。在我职业生涯的早期，我一直在寻找能被患者接受的正确干预方法。问题是，解决问题并不是抱怨者的目标。他们可能只是想要同情和关注，但他们给人的印象显然是在寻求帮助。所以，他们不断地提出一个又一个抱怨，直到其中一方或双方都变得非常沮丧，只好选择放弃。

我们都这样做过，对吧？重要的是，在提出抱怨之前，要确认这个人实际上是在寻求建议。他们更可能是在寻求支持、理解或认可。在错误的时间提出建议可能会让善意的提意见者感到恼怒、不被欣赏和无助，而抱怨者则会感到被误解和拒绝。如果没有适当的沟通，这种循环不会有好结果，只会继续重复下去，导致更多的挫折感和对未来抱怨的零容忍。

研究表明，抱怨也会传染。听到别人的问题可能会让倾听者觉得他们自己也需要放松一下，所以他们会和抱怨者讨论抱怨的事情，然后抱怨别人的抱怨。如果倾听者接受了所有这些抱怨，他们也可能会陷入沉思。如果没有自己的社交出口和心理治疗，整天听患者说话，可能会让我觉得自己也需要释放一下情绪。把一切都藏在心里，避免分享，会让我更有可能精疲力竭，在未来的面对面治疗中难以倾听和感同身受。

抱怨也往往会导致“胜人一筹”的现象，即有人试图用自己的抱怨来掩盖你的抱怨。当你抱怨你的背疼的时候，你的朋友会说：“哦，你不知道吗？我的脚疼死了！我几乎走不动了！”毫无疑问，这种模式让两个人都感到被误解和被忽视。有时，分享你自己的经验可以帮你认可对方，让他觉得抱怨是正常的事，但我们必须非常小心地参与抱怨“接力赛”。

谈论让我们心烦的事情很难。有时它会让人痛苦地感到消极和不堪重负；但当我们有空间倾听和感同身受时，它也会有很多治愈的效果。我很好奇，如果我们不试图逃避这些对话，而是试图更深入地了解对话发生的原因，带着同情和理解给患者治疗，会发生什么呢？

抱怨值得吗

每次山姆来接受治疗，他发泄或抱怨的时候，吐露的基本都是关于他生活中真正重要的事情——家庭、工作、健康，很少是因为交通或天气。我总是知道，他抱怨的可能是重要的事情，有一些意义。我们也可以在小事情中找到意义，但有些话题的内容特别多。一旦我们深入调查这些抱怨，我们通常能够对隐藏在抱怨之下的情感问题产生很多理解和对话。这很给力，因为它给了抱怨一个目的。抱怨是了解人们内心世界的窗口，揭示人们担心的、希望的和认为重要的事情。我可以把大多数人认为是抱怨的东西作为治疗的目标，弄清楚人们看重的是什么，并了解人们正在与什么斗争。抱怨可以开阔我们洞察自己心理的视野，绝对值得关注和探索。

当然，抱怨的有效性是有限的。每周去看心理医生，把你的抱怨作为改变和理解的媒介，可能会有所帮助；但是，当抱怨变得持续不断或循环往复时，它就没那么有效了。你可能会发现自己总是在抱怨生活中那些让你感到烦恼或不便的点滴时刻。重要的是，你要认识到这种抱怨是真的在帮助你还是让你陷入困境。

抱怨可以开阔我们洞察自己心理的视野。

我喜欢把抱怨分为两类：高级抱怨和低级抱怨。高级抱怨是指那些有很大影响的“大牌项目”。低级抱怨通常是日常的烦恼或挫折。你可以决定什么是高级抱怨，什么是低级抱怨。

低级抱怨是指你抱怨这类事情的时候：

- 天气。
- 交通。
- 你讨厌的同事。
- 餐馆里的冷食。
- 你的脚疼。
- 超市里有人插队。

接下来，我们有更大的抱怨——那些真正重要的事情。你要注意你的高级抱怨。这些都是真正有意义的坦白方式，通常是为了建立联系。

高级抱怨是指你抱怨这类事情的时候：

- 死亡和损失。
- 不孕。
- 种族歧视、性别歧视、体型歧视等。
- 严重的关系问题、分手或离婚。
- 家庭矛盾或疏远。
- 职业困境或失业。
- 创伤事件的后果。

- 教育的挑战。
- 怀孕和产后的经验。
- 心理健康问题。

当我们讨论这些问题时，我们是认真的。我们在谈论那些对我们很重要，并且对我们的生活有重大影响的事情。当你发现自己在分享这些问题或者想要发泄的时候，务必倾听自己的需求。你可能需要一个出口、一些联系，或者可能是你生活中的一个重大改变。有些事情确实值得抱怨。

你如何知道自己陷入了抱怨的怪圈

有时候我们陷入抱怨的怪圈，很难摆脱。通常你会觉得自己只是在兜圈子、原地打转、无路可逃。这种情况通常发生在没有可行的解决方案时，我们没有感到被倾听或被支持，或者我们无法接受现实。陷入抱怨的怪圈，没有帮助，也没有效果。

以下是你陷入抱怨怪圈的一些迹象：

- 你一遍又一遍地谈论同一件事情，而你的对话和抱怨却没有任何改变。
- 你感觉自己陷入了困境。

- 你对形势的评论非常明确。例如："外面没有其他工作适合我。我将永远被困在这个令人心碎的地方，我的老板每天都对我大吼大叫。"
- 人们变得烦躁，不想听你的抱怨，或者表示你一直在抱怨同样的事情。
- 抱怨不会带来任何宽慰或与他人的联系。
- 抱怨变得越来越重复，甚至可能会让人感觉你缠住不放，或者感觉抱怨在循环播放。

如果你在抱怨的时候注意到这些事情发生了，你可以使用下面的几个解决方法。

首先，试着在这种情况下寻找灰色地带。抱怨怪圈通常感觉非常黑白分明，并且会包含诸如"总是""从不""不能""不会"等词语。当你注意到你在使用这种语言时，请找出其中的漏洞。有希望或可能吗？有没有可能你还不确定？也许在你的思维或现状中还有一些灵活性的空间。

使用"但"字也是一种有效的方法，可以让你摆脱抱怨的怪圈。假设你在抱怨你妈妈从来不听你的。这对你来说可能感觉很真实，也许你妈妈真的"从来不听"。使用"但"字，可以帮助你感到更有力量。所以，你可以说：

“我的妈妈从来不听我的，但我的配偶听我的。”或者说：“我的妈妈从来不听我的，但我的朋友听我的。”允许你自己去确认那些关于你妈妈的真实抱怨，当你妈妈不听你的话的时候，你会很受伤，然后加上一个支持的声明，这会让情况变得更灵活，不那么惨淡。它让你为好的、坏的和介于两者之间的事情腾出空间。

有时候我们的抱怨是非常真实的。如果你面对的是亲人的死亡或者新添的残疾，那里没有多少灰色地带。这很痛苦，这是非常真实的感觉。也许你可以找到一些好的或灵活的情况，但往往我们还没有准备好目睹那一切。有毒的积极性会告诉我们，我们应该只看到光明的一面，并找到我们感激的东西。我们不会这么做，因为我们知道这行不通。相反，我们要实践一种叫作“全然接受”的东西。

“全然接受”是辩证行为疗法创始人玛莎·莱恩汉（Marsha Linehan）博士开发的一种对痛苦的容忍技能。“全然接受”承认痛苦是生活中不可避免的一部分，反抗这种痛苦通常会导致更多的痛苦。我相信，“全然接受”是有毒的积极性的解药。当我们练习这个技巧时，我们不会同意、支持或说我们喜欢当前的现实。相反，我们接受我们不能改变当前的事实或情况，即使我们不喜欢或不同意也无妨。这是我和几乎所有患者都练习过的技能。我在自己的生活中也这么做。

根据莱恩汉博士的说法，有十个步骤可以让你从痛苦中走出来，进入“接受”的状态。

1. 注意你在质疑或对抗现实。(这不公平。)

2. 提醒自己，不愉快的现实就是这样，无法改变。(事情就是这样的。)

3. 提醒自己现实是有原因的。(事情就是这样发生的。)

4. 练习用你的整个自我（思想、身体、精神）去接受。使用接受自我对话、放松技巧、正念和想象。

5. 列出如果你接受了事实，你会做出的所有行为，然后练习做出这些行为，就好像你已经接受了事实一样。

6. 想象一下，相信你不想接受的事情，并在脑海中演练一下，如果你接受了看起来不可接受的事情，你会怎么做。

7. 当你思考你需要接受什么时，注意身体的感觉。

8. 允许失望或悲伤在你的内心升起。

9. 承认即使有痛苦，生活也是值得的。

10. 如果你发现自己抗拒接受练习，那就权衡一下利弊吧。

我们都会时不时地陷入抱怨的怪圈，因为生活本来就不公平，现实往往让人难以接受。我们将永远面对人生的坎坷。我知道这听起来很黑暗，但这是事实。当我们期望生活是公平的，或者将危机归咎于我们无法积极思考或展现另一种结果时，它就在我们的现实和我们的精神状态之间制造了痛苦的分离。现实和我们期望之间的差距让人难以忍受。如果你觉得现实太难以接受或承认，试着同情自己，并运用这些技巧。寻找现状中的灰色地带，抱怨时也捎上灰色地带，并实践“全然接受”。通过练习，你将走出这个怪圈。

有效抱怨的方法

适量抱怨和有效抱怨可以帮助你远离没完没了的抱怨怪圈。罗宾·科瓦尔斯基（Robin Kowalski）博士是一位著名的抱怨行为研究者，他发现那些怀揣着获得某种结果的希望而抱怨的人往往会更快乐。抱怨最有效的时候就是抱怨者这样做的时候：

- 运用事实和逻辑。
- 知道他们理想的结果。
- 了解谁有能力让这事儿发生。

如果你能识别出这三件事，你的抱怨更有可能让你觉得有用和有效，同时也会带来更好的结果。

有效抱怨的八个小贴士

1. 弄清楚抱怨的内容。到底是什么困扰着你?

2. 确定目标。

   a. 你是在试图让别人意识到一个问题吗?

   b. 你想要改变吗?

   c. 你想被倾听吗?

   d. 你需要被认可吗?

   e. 你想要建议吗?

3. 选择合适的观众。谁能帮你?有没有人能理解或感同身受?不要总是向同一个人抱怨。选择那些真正能够认可你或帮助你实现目标的人。

4. 决定是否值得抱怨。想想那些对你来说真的很重要的事情，集中精力，适度抱怨。

   a. 如果你抱怨这个，会发生什么?

   b. 如果你不抱怨这个，会发生什么?

5. 确认你可能想要抱怨，因为你正在寻找与人交流的机会。除了抱怨，你还有什么可以分享的吗?

6. 把抱怨的话写下来。如果你觉得很难处理你的抱怨，这可能会特别有用。研究表明，写作有助于集中注意力和组织经验，有助于更好地理解发生了什么及如何应对。

7. 尽可能直接地表达你的问题。

8. 记住，世界上存在着真正的不平等。如果你提出了这些问题，人们可能会说你“消极”或“爱抱怨”。有些人的情况更糟。继续谈论这个问题，并专注于你的目标。

这样做的目的不是消除你生活中的抱怨，而是让它更有效、更具适应性。当我们有效地抱怨时，我们就能获得我们渴望的亲密、支持和改变。当你掌握了这八个小技巧，你就会得心应手地进行有效抱怨。你甚至可能会注意到，你会很自然地穿越抱怨，不费多大力气。你也可能会发现你的抱怨变得更有针对性和目标导向，而不是循环往复和令人沮丧。

反省

花点时间想想抱怨在你的生活中扮演的角色，以及你通常是如何处理情绪的。诚实而公开地回答下列问题：

- 你发现自己经常抱怨吗？你经常抱怨什么？它们是高级抱怨还是低级抱怨？
- 抱怨在你的生活中扮演什么角色？这让你感觉更好还是更糟？这让你感觉联系更紧密还是感觉更孤独？
- 当你抱怨时，是否有更深层次的原因？

章首语：

万事皆有因！

不是每件事的发生都有合理的原因。有些情况没有一线希望。当你准备好的时候，选择你想怎么整合发生的事，以及该事对你的意义。

第七章

如何支持别人

支持我们关心的人其实很简单。不幸的是，我们常常担心做得不对，从而沦陷在自己的情绪或经历中，或者只是没有学会如何去做，我们做错了或甚至不去尝试。本章将帮助你理解如何管理你的影响和意图，理解什么类型的支持可能对别人最有帮助，什么是真正的支持，以及如何倾听、确认和表示支持。你不可能总是做得正确或完美（你是凡人），但你将配备必需的工具去帮助你自己和你最关心的人。

你的意图很重要，你的影响更重要

有时候，我们好心办坏事。我们的意图完全被误解，或者对方不愿意接受我们的帮助。这可能是因为我们提供帮助的方式很粗鲁或粗暴，我们没有倾听别人真正需要什么，或者对方只是不准备或不愿意接受我们的帮助，即使我们以亲切和友好的方式提供帮助也不行。我在和萨姆谈话时遇到了这种情况，当时我试图打断他的抱怨。我善良又富有同情心。我想帮忙，但他不喜欢我帮忙的方式，那不是他需要的。当我们个人认为自己的行为是善良、慷慨或乐于助人的时，这可能会令人非常沮丧。但如果你的意图与你的影响不符，我们需要调查原因。

知道该说什么及什么时候说，已经变得非常具有挑战性。我知道这里面有很多规矩，而且似乎总是在变。如果你在社交媒体上浏览滚动的页面，你会发现一长串帖子，似乎在宣布什么是“正确”的事情，什么实际上是“错误”的事情。这本书甚至可能会让你觉得自己做得不对，这是有道理的。我想让你知道，没有十全十美的事。每个人都会有自己的偏好和敏感度，包括你。我不喜欢在我哭的时候被拥抱或被触摸，但你可能会喜欢。这就是为什么我们在帮助别人的时候要少依赖脚本，而要更多地依赖我们富有同情心的好奇心。

我敢说，如果你购买这本书，你的意图是好的。很明显，你想学习如何更有效地帮助和支持别人。意图不如影响重要的观念可能对你来说很难理解。我知道对我来说是这样。如果有人告诉你，你不顾自己的本意伤害了别人，你可能会做出相当防御性的反应。也许你说过：

- “我只是想帮忙。”
- “我不是故意要伤害你的。”
- “你太夸张了。”
- “我只是想做个好人。你看不出来吗?”
- “我猜你不需要我的帮助。”
- “你理解错了。”

听着耳熟吗?

如果你把自己看作是一个善良、乐于助人、善解人意的人，而别人对你说不是这样，那就很有挑衅的意味了。这可能会完全动摇你的自我意识，让你质疑自己的身份。作为一名治疗师，我被训练成富有同情心，并且善于倾听和帮助他人。我还是搞错了。让我们都冷静一下。试着让自己承认这一点：我有时会犯错误。我并不总是知道帮助或支持某人的最好方法，这没关系。我会继续尝试、提问、倾听。我会尽量克制自己不去辩解，而是试着去理解。

一旦你接受了自己是一个人，并且你不会完美的事实，也没给自己设定这样的期望，事情就会变得容易得多。

当我们讨论意图和影响时，重要的是要注意，这两个力量是不相等的，可以完全分开的。意图不会就这么被抛出窗外，这很重要，相关研究也支持这一点。在最近的一项研究中，参与者接受了同等程度的电击。那些认为电击是故意施加的人比那些认为电击只是意外的人感受到的痛苦要多。当有害行为被认为是故意为之的时候，人们也会更有动力去责备或惩罚某人。《科学美国人》(*Scientific American*)的专栏作家梅兰妮·坦南鲍姆（Melanie Tannenbaum）敏锐地指出这种情况是如何融入我们自己的法律体系的。对造成更多痛苦或痛苦行为给予更严厉的惩罚，并考虑其意图。例如，过失杀人是一种杀人，是无意杀死另一个人。这些案件被当作比谋杀轻得多的犯罪来处理。谋杀是一种杀人，是带着知识和意图或欲望去作恶的犯罪。这两种犯罪的最低量刑不同；意图的区别在法律程序中争议很大，尽管影响是相同的。

影响和意图在我们的大脑中是联系在一起的，不可能被完全分开。研究表明，当我们觉得犯罪背后的原因是正当的时候，我们更有可能原谅犯罪。比如，你更可能惩罚那些因为酒驾而闯红灯的人，而不是那些为了回家照顾生病的孩子而闯红灯的妈妈。他们的行为是一样的，但你对这种行为的两种背景的看法却完全不同。研究并不认为故意伤害比无意伤害更有害，事实上，结果总是完全相同的。但它确实表明，影响和意图是如何不能分开的，而是必须一起考虑的，从而帮助我们参与有意义的冲突，并对我们需要和想要的东西形成更深刻的理解。

如何承担你的角色

假设有人说你伤害了他们。尽管你是出于好意，但你没抓住重点，说错话了。我知道你是个好人，也许你不是那个意思，但我们先把这些都忘了吧。如果这是一段你想改善的关系，你致力于解决这一冲突，你也有兴趣找到一些共同点，你会根据当前最重要的情况对需求进行分类。这个人受到了伤害，我们需要首先处理这个问题，然后再解释原因并请求理解。如果这是一种虐待性的关系，或者你没有兴趣找到你与对方的共同点，也没关系。你可以直接脱身离开。你不必在任何情况下都遵循这些步骤，请运用你自己的判断力。

让我们开启情绪分类程序。如果你刚刚伤害了某人，尽管你的意图是好的，也要努力尝试以下的补救方法。

- 暂时放下你的骄傲。我知道这很难。也许你认为他们完全失去理智，或者你根本就没有看到他们的立场。没关系。你可以验证他们的观点，而不必同意他们的观点。

- 验证他们的视角。再说一次，你不必同意。你只需要证明这对他们来说是正确的。你可以自己做一些选择：
  - ◇“我听到你的声音，我想了解更多。”
  - ◇“你会有这种感觉是有道理的。”
  - ◇“我很感激你与我分享这些。”
- 试着理解。当对方准备好了（总是提问），你可以试着对这种情况下发生的事情达成更深入的理解。你想知道：
  - ◇你如何影响他们。
  - ◇为什么会导致这样的结果。
  - ◇下次事情会有什么不同。
- 修复关系。修复的类型和程度将取决于伤害的程度和发生的事情。你可以：
  - ◇承认他们的感受和发生的事情。
  - ◇道歉并为自己的行为负责。
  - ◇讨论并同意一项计划以修复关系和防止这种情况再次发生。
- 分享你的观点。一旦对方有机会感受到被倾听和被理解，他们可能会愿意倾听你方的互动。你的立场可能包括你的意图及你为什么这么做。在某些情况下，分享这些信息是不合适的；而在另一些情况下，这些信息可能会非常有帮助。尽量避免辩解，或者说一些上文中列举的防御性话语。

你可能需要在每个步骤之间休息一下，或者不止一次地回到某一个步骤。没关系。最重要的是你愿意倾听、学习，并探索如何做得更好。记住，这些步骤只适用于那些愿意参与其中的人。如果你面对的是一个有虐待倾向的人，或者是一个没有兴趣帮你理解的人，你所有的努力都不会得到很好的回应。

如何不伤感情地分享感受

还有一种情况，当我们与某人分享我们的感觉、担心或建议时，我们常常怀有美好的意图，但往往会把事情搞砸。分享我们的感受（特别是纯个人的或敏感的感受）是很棘手的事情。有时候它能帮助修复关系，让我们更加亲密；有时候对方并不乐意接收我们的信息，这会导致分裂。

这也是一个沟通障碍，你不可能总是正确的，但有一些方法可以降低风险。这里有一些技巧可以帮助你在不伤害他人的情况下分享你的感受：

- 试着把注意力集中在你自己的经历和感受上。避免用“你”开头的句子，用“我感觉”代替。
- 用平静的语气。不要大喊大叫。
- 避免辱骂或侮辱。
- 仔细斟酌措辞。事先计划好你想说的话会很有帮助。
- 明确你的感受和你认为是什么导致了那种感觉。讲故事或举例可以帮助对方理解。
- 想想这次谈话的目标是什么。你想让他们知道或理解什么？你想改变什么？
- 愿意听取双方的意见。如果对方表现出尊重且愿意与你交谈，那么，倾听他们的心声可能会有所帮助。
- 知道你可以正确地计划和说出一切，但他们可能仍然不能欣然接受或理解。你要尽量控制自己的叙述。

再次强调，记住，有些情况下你会说对所有的事情，然后按照书上说的去做，但是结果仍然不会很好。努力控制一下你的叙述。我们不能控制别人如何接受我们，但是我们可以尽最大努力按照我们自己的价值观来分享。如果你分享的东西伤害了别人，或者别人误解了你，你可以回顾一下上面的建议，看看你做得怎么样；你也可以问问他们，下次你怎样才能更有效地传达这个信息。

基本要素

支持自己和他人，并不是说，那就是“对的”或“完美的”事情。这些词汇如何表达取决于你和谁交谈、话题是什么、环境背景如何。但你可以努力在交流中包含以下四个要素：

- 好奇心。
- 理解。
- 验证。
- 同理心。

好奇心意味着我们总是在了解周围的人和我们自己。我们正在学习什么让我们感到安全和被支持，我们如何喜欢被帮助，以及我们在危机和斗争的时刻需要什么。因为这些都不是固定的品质，所以我们需要和想要的东西在我们的一生中都会不断进化。好奇心就是提出问题，接受改变，知道我们永远不会彻底了解自己和他人。好奇心打开了理解、验证和同理心的大门。你可以通过以下方式表现出好奇心：

- 问一些开放式的问题，比如："你能告诉我更多________吗？""如果你想告诉我今天发生了什么，我在听。"
- 使用积极的倾听，包括非语言的暗示，如点头、眼神接触，并且密切注意交谈，不分心。

理解是在我们利用好奇心之后发生的事情。我们是否能完全理解自己需要什么，或者别人对我们的期望是什么？也许不能。但我们可以继续寻求理解和知识。理解和同意不是一回事。我能理解为什么你会有这种感觉，但是我自己却没有这种感觉，也不同意这种感觉。理解仅仅是利用你的好奇心描绘一幅图画，并试图深入了解为什么、怎么样和是什么。它为可能性腾出空间。

- 不要因为你经历过类似的情况就假设你知道他们的感受。
- 问问题以确保你理解对方的感受，比如："看起来________对你来说是最难的部分，对吧？"
- 继续让他们分享，直到你们双方都觉得已经达成了谅解，而不是仓促行事。

当我们理解了一些事情，我们就可以验证它。和理解一样，验证与同意不是一回事。它仅仅意味着你可以看到某事的可能性，并在你自己或别人身上发现它。一开始可能有点难度，但绝对有可能。我知道这是可能的，因为我每天都这样做，以此来维持生计。

你可以和某人坐在一起，验证他们的经历，而不是完全同意他们。当我开始接受心理治疗师的培训时，我学到了一种叫作“无条件积极关注”的东西。这意味着治疗师已经通过放下他们自己的个人观点和偏见来表现出对患者的全然接受。“验证”包括腾出空间来倾听和理解你或别人在他们独特经历中的感受，让你自己明白你的经历和他们的经历可以同时成真。我并不总是同意我的患者说的话。也许他们做的决定不是我在自己的生活中会做的决定。没关系。我仍然可以在房间里保留空间，鼓励他们分享，并验证他们的经历。我可以把他们看作独一无二的人类，有着独特的经历。“验证”听起来像是：

- “你这么想是有道理的。”
- “我明白你为什么会有这种反应。”
- “这种感觉是可以理解的，尤其在这种情况下更是无可厚非的。”

当你利用好奇心，形成了一种理解，并得到了验证，那么，同理心就到来了。同理心为你的感觉腾出空间，理解你的感觉，并允许其存在。所有的事情在各自情境中都有意义。当我们了解到一个人的本来面目时，我们就能够培养同理心和理解力。我们也可以从另一个角度看问题，发展出另一种更有同情心、更少评判的视角。当你问问题、试着理解和验证别人时，你表现出了同理心。你也可以试试：

- 倾听和排除干扰。
- 分享你有同样感受的时刻，并让他们感觉这种反应很正常。
- 避免提供建议，让他们随遇而安。
- 感谢他们与你分享。
- 继续与外界联系。

当你支持自己或者别人的时候，试着少说正确的话，多关注这些成分。问问你自己：

- 我怎样才能更好地了解这种情况？
- 他们的感受或者他们的经历有什么是我不理解的吗？

- 我如何帮助他们感到被理解和被支持?
- 在这种情况下，什么样的言语或行为可能表现出同理心?

如果你用好奇心去引导并寻求理解，那么，验证将自然进行，同理心将油然而生。

如何成为有效的支持者

如果你正在读这本书，你可能会喜欢帮助别人。也许你认为自己是一个共情者或者帮助者。当你帮助别人的时候，你也会有一种成就感或自豪感。有时候，当我们试图帮助别人的时候，我们会过于专注于感觉自己是一个“善良”的帮助者，而不是一个“有效”的帮助者。这两者之间是有区别的。

这就是意图和影响重新成为重要问题的地方。你需要确保你的意图是好的，你的影响也符合其他人所需要的。如果我们不知道别人需要什么，甚至不在乎问什么，我们通常是因为感觉良好而帮助别人，而不是因为我们实际上想要解决问题。

那么，怎样才能成为一个有效的支持者呢？以下是一些关键要素：

- 良好的倾听技巧。
- 询问和识别他人需要什么的能力。
- 强大的边界感。

有多少次有人在你说到一半的时候打断你，然后急切地问你："哦，我的天哪，你试过吗？"我知道这种事发生过无数次了。我们如此渴望帮忙或解决问题，以至于我们没有花时间去了解人们认为他们需要或想要什么。如果你想成为一个有效的支持者，你必须拥有优秀的倾听技巧。这包括询问和倾听：

- 这个人在挣扎什么。
- 他们能接触到什么资源。
- 他们已经尝试过的方法是什么。
- 他们当时想要的是什么。（提示：这可能不是解决方案，而是关于倾听和同情的问题。）

你越能倾听和理解他人的需求，就越有可能以对他们最有帮助的方式帮助他们。

强大的边界感对于支持者也是必不可少的。曾经有段时间，我真心觉得我有责任为每个人解决问题。如果一个家庭成员发生了什么有挑战性的事情，我也必须承担。我必须让一切都好起来。在我职业生涯的初期，我很难把患者的痛苦留在办公室。我必须同样被拖下水，否则就意味着我“麻木不仁”和“不在乎”。我在新闻上看到和读到的东西会让我记上好几个星期。我为享受生活而感到内疚，当世界变得“糟糕”的时候，我很难享受生活。一切都是黑白分明的。无论好坏都一样。我判断那些看起来能够忘记发生了什么的人，并且不断地问自己：“他们怎么会不在乎呢？”这是绝对不可持续的，我知道有些事情必须改变。

我明白了，其实你不必帮助每一个人，因为这是不可能的。当你没有精力、资源或资格来帮助他们的时候，你可能不得不和他们设定限制，这是可以的。事实上，这样做是健康的和道德的。当我们对那些需要我们帮助的人诚实的时候，他们可以转向其他更容易获得帮助的人和资源。有些情况可能需要专业人士或在这方面更有经验的人的帮助。指导别人寻找其他资源，或者说你帮不上忙，并不意味着你不在乎或者你在抛弃他们。这意味着你在尽最大努力为他们提供正确的资源，同时也给自己设定限制和照顾自己的能力。

下面有一些方法，可以告诉那些你目前没有精力、资源或能力去帮助的人：

- “我很抱歉发生这种事。我今天过得很不顺，觉得我现在不能给你最好的支持。我明天能给你打电话吗？”
- “我不认为我是帮助你的最佳人选。你有没有想过主动联系他？”
- “这个话题对我来说真的很难开口。”
- “我真的很想支持你，我现在感到筋疲力尽。我有空的时候能告诉你吗？”
- 等待回应，直到你准备好。注意：如果有人有自杀倾向或者想要伤害自己，而你觉得你无法帮助他们，那你很有必要引导他们找到正确的资源。这可能包括打电话给可信赖的朋友、治疗师或家庭成员来帮助；或者联系紧急服务。
- “你是否曾经有过这样的日子：你不知所措，你需要时间独处？这就是今天的我。我担心，如果我试着给你建议或者听你的，我就不会做得很好。我________（插入时间）能来找你吗？”
- “我想在你身边支持你。我想我现在没有精力做这件事，我知道，等我睡一会儿就有精力了。你觉得我们可以________（插入时间）再谈吗？”
- “我真的很想支持你，但我现在需要专注于这个

________（项目/无论什么）。我能晚点再来看你吗？”

- “和你谈论这个话题让我感到不舒服。你还有其他人可以分享这个吗？”

当然，在某些情况下，你可能需要帮助，即使你没有精力，特别是如果你是父母，或者需要照顾依赖你的人。你能够设定边界感的方式很大程度上取决于你与对方的关系、你能够获得的资源和环境背景。试着集中关注你可以设置的限制和边界感，以及你可以控制的范围。即使有边界感，当你爱的人发生了什么事情时，你仍然会有强烈的感情。但边界感会阻止你越界或承受不必要的痛苦。它们会让你集中精力帮助别人，有效地倾听他们的需求。

记住，我们的目标是为痛苦腾出空间，而不是承受痛苦。当你腾出空间的时候，你就和对方坐在一起，感同身受，认可对方，询问你能在哪里提供服务，然后验证。承受他们的痛苦，你会感到沉重的负担。这对你和对方都是没有帮助的。

每当你想去帮助或解决别人的事情时，可以问问自己下面这些问题：

- 当我试图帮助别人时，我的底线被打破了吗？

- 在帮助别人后，我是否感到精疲力竭？
- 我提供的帮助有用吗？
- 是什么促使我这样帮助别人？
- 我是否因为自己在这种情况下的角色而变得愤怒？
- 我是否觉得自己必须通过帮助来证明自己的价值？
- 在这种情况下，我是提供帮助的合适人选吗？
- 我是否问过其他人他们希望得到怎样的帮助？
- 我提供的帮助是否会让我失去其他我珍视的东西？
- 提供帮助使我感到无助或不被欣赏？

作为一个有效的支持者，真正需要的是倾听，寻求理解、认可、同理心，以及你和他人之间的强大边界感。如果你不总是说正确的话，也没关系。你不是一张一张贺卡，你是人类。不要给自己压力，你无须让自己永远完美，也不必总是说对话或做对事。用这些基本要素引导你，你会惊奇地发现，最小的动作和短语都能帮助你和你周围的人。

人类固有的消极思维

支持他人和倾听抱怨真的很有挑战性。当我们无法解决某些问题或者某个话题让我们不知所措时，我们可能会试图把对方从我们的生活中剔除，或者简单地称他们为

“消极的人”。但是，人类天生就是消极的，这有助于我们活下去。

我们倾向于更多地关注坏的东西而忽视好的东西并非偶然，这是进化的产物，也是生存必需的思维。人类大脑的主要功能是寻找危险并生存下去，而不是保持快乐。这就是为什么持续的积极思维实际上既有害又危险。如果没有一点消极情绪，我们都会迷失自己。

在很久以前，关注人类生存中不好的、危险的部分是一个生死攸关的问题。能感觉到危险并迅速做出反应的人更有可能生还。从那以后，世界发生了很大变化，但我们的大脑却没有什么变化。这就是为什么我们可能在并不存在威胁的地方看到威胁，或者对某些事件产生“大惊小怪”的反应。我们的大脑无法区分什么是真正的威胁，什么是我们感知到的威胁。我知道，这很让人困惑。但是，我们越能理解消极思维及其目的，就越能识别出那种原始的思维方式何时开始对我们产生影响。

人类也容易产生一种叫作“消极偏见”的东西。这意味着消极影响对我们大脑的影响要比积极影响大得多。在一项由心理学家约翰·卡乔波（John Cacioppo）进行的研究中，人们看到的图片要么是积极的，要么是消极的，要么是不带感情色彩的。消极图像比积极或中性图像在大脑皮层产生更强烈的反应，这意味着人们更有可能记住负面刺激。当我们面对负面的、危险的或威胁性的刺激时，大脑中也有更强的神经处理能力。人类倾向于：

- 比起积极的经历，更能记住创伤经历。
- 记住侮辱多于赞美或称赞。
- 对负面刺激反应更强烈。
- 多想消极的事情，而不是积极的事情。
- 对负面事件的反应比对正面事件的反应更多。
- 从消极情况或结果中学到更多。
- 根据消极信息而不是积极信息做出决定。
- 为了实现目标，我们可能不得不放弃什么，而不是我们可能得到什么。
- 更多地关注新认识的人的负面信息。
- 将消极记忆储存在长期记忆中的频率要高于积极记忆。

由于我们的大脑坚持把注意力集中在消极的事情上，难怪保持积极心态如此困难！我们必须接受我们的大脑只是想保护我们的生命和安全。然后，我们就可以找到在现代世界中运作的新模式，不会在那些根本不存在失败或威胁的地方看到失败或威胁。

删掉生活中的一切消极情绪？你做不到呀

网上有成千上万的文章鼓励我们从生活中“甩掉消极情绪”，我觉得这很有趣。当我听到这话的时候，我想，这是什么意思呢？你不打算和任何消极或抱怨的人谈谈吗？哪些话题是禁区？根据你刚刚学到的关于大脑的知识，我想我们可以达成共识，甩掉生活中的一切不仅不可能，而且很危险。

当人们说他们想要消灭消极情绪时，我发现，他们实际上是说，他们不想为任何让他们感觉糟糕或不舒服的事情而挣扎或烦恼。这种说法通常被用来作为一个理由，以不为自己的工作努力、不让别人进入你的生活，或者忽视世界上显而易见的问题。这对我们的关系来说是极其危险的，而且会导致我们与那些没有虐待或毒害、只是正在经历困难时期的人结束关系。

如果你把所有表现出消极情绪的人从你的生活中剔除，你将永远不会形成那种通过斗争和艰苦发展起来的亲密关系。现在，你绝对应该评估一下你和那些对你不好、虐待你或不重视你的人之间的关系，也可以结束这种关系，但这不是消极行事。消极情绪可能表现为抑郁，像失去父母、被解雇、经历转变或与健康问题做斗争这样的生活困难事件。它并不总是有毒的或虐待性的，通常只是生活问题，而生活有时会变得艰难。

当你想要甩掉生活中的一切消极情绪时，你可能会问自己：

- 我是否在表达自己的边界感方面遇到了困难？
- 关于这个话题或者这个人，有没有什么让我觉得有威胁的东西？
- 是这个问题还是这个人激发了我的感觉？
- 如果我摒弃消极情绪，我的生活会有什么改善？
- 在把消极情绪从我的生活中删除之前，我能从中学到什么？
- 我是在设定边界感，还是在逃避重要问题？
- 为什么我想过没有消极情绪的生活？
- 如果我正在处理这样的问题，而对方把我从他们的生活中删除了，会是什么样子？

这并不意味着我们必须接受自己将一直消极下去的事实。这意味着我们可以利用现有的资源，努力创造更多的精神和情感上的灵活性。我们也可以让自己更有安全感。方法如下：

- 要特别注意好的事物。我们知道注意到好的事物比注意到坏的事物要难得多。你要确保真正接受好的事物，专注于它的感觉，甚至记录下来，这样可以帮助你整合记忆、集中注意力。这是写给未来的回忆录。
- 监控你的自言自语。自言自语常常会让我们产生很多消极的想法。我们会说“我不会成功”或“所有人都讨厌我”。每当你有这样的想法时，看看你是否能注意到它们并质疑它们。
- 重新设定情境。有人说这是在考验你的想法。假装自己是律师，检查自己的想法。他们会在没有合理怀疑的情况下接受审判吗？寻找灰色地带。还有别的方法可以了解发生了什么吗？

但我就是受不了“消极”的人

我知道，你已经开始消极了。可以理解，有些人想让自己身边围绕着快乐、美丽、积极的事物。但是，世界有时候真的很混乱，我们周围的一切都在乞求我们的注意，要求我们去感受一些东西。如果我们都忽视这些呼吁，世界将永远不会改变，我们的关系将几乎只是停留在表面。

这并不意味着我们需要将自己置于消极的环境中，并对每一个求助的呼声做出回应。你可以设定边界感。我想重新定义一下我们如何看待“消极的人”。

其实我不太相信有消极的人。但我相信有下面这些人：

- 感到不安全。
- 正在挣扎。
- 受到伤害。
- 还不知道他们也可以体验“好”情绪。

这些类型的人通常有更多的消极思想，并依靠消极思想来应对。但他们不是“消极的人”，他们永远不会改变，我们需要把他们从我们的生活中删除。再说一次，消极和辱骂或伤害是完全不同的两件事。不要和消极的人打交道或者把他们从你的生活中删除，并不等同于和那些伤害你或继续伤害你的人划清界限。你可以和这些人划清界限，这很重要。我指的是我们要对消极的人进行分类，看看他们有没有做以下的事情：

- 谈论具有挑战性的感受。
- 讨论世界上真正的不平等现象和问题。
- 指责我们以某种方式伤害了他们。

- 激发我们内心具有挑战性的感受。

消极已经成为我们不喜欢或不想面对的事情的总称。我们称某人“消极”，以此来让他们闭嘴或者免除自己的责任。有时候消极是不是很烦人？哦，是的。但它也迫使我们认识到重要的东西，修复我们的关系，并创造变化。没有它，我们就完全迷路了。我们可能想让谈论对他们来说很重要的社会正义问题的人保持沉默，因为这会让我们失望，让我们不想谈论自己的特权。我们可能不想谈论朋友的健康问题，因为这会让我们面对自己的死亡。我们不愿意听到朋友失业的消息，因为这会让我们感到无助和无能。消极和抱怨困扰你的原因有很多。其中大多数都与你有关，而与其他人无关。面对现实吧，我们有时候都有点消极情绪。

如果你被拉去给某人贴上“消极”标签，也许你可以问问自己下面这些问题。它们会帮助你分辨对方是真的消极，还是你需要关注更多其他的事情。

- 他们是否触发了我内心的一种困难情绪？
- 他们是否让我想起了我认识的某个人？
- 他们是在强迫我看他们抱怨或讨论的问题吗？
- 我不喜欢他们在我身上指出的问题吗？

- 当他们分享自己的想法时，我是否感到无助？对方是在伤害我还是仅仅在打扰我？（这是有区别的。）
- 这种行为可以被视为虐待吗？
- 我需要和对方划清界限吗？
- 他们是否正在为某些事情而挣扎，这些事情使他们的思想变得更加消极吗？

难过是正常的，我们都有难受的时候。我们知道我们的生活中需要这些感觉和想法。如果没有焦虑，我们可能已经死了。如果没有经历悲伤，我们就不知道什么对自己来说是重要的。如果我们不抱怨，什么问题都解决不了。

有时候我会好奇地想：如果消极的人只是需要更多的同情和理解呢？如果这是帮助他们变得更加乐观的关键呢？如果每次我们因为某人太消极就把他踢出我们的生活，我们就错过了一个了解自己的机会，那会怎么样？

谈论真实的事情很难。有时候感觉真的很消极。但在那些时刻，也有很多治愈、进步和理解正在发展。我想知道，如果我们不逃避这些对话，而是试图深入了解它们发生的原因，会怎样呢？如果我们想要改变某事，那就必须先承认有问题。当我们给予人们空间和认可，他们更有可能感觉更好，从而变得更加积极。我们不能用积极的陈词滥调来消灭问题，因为问题依然会存在，情况可能会变得更糟。有时我们会伤害别人，我们需要评估自己的行为。消极和抱怨让我们接触到所有这些信息，并敞开大门接受改变。

如何对待经常抱怨的人

持续不断的积极情绪和幸福感往往取决于你是否有能力将自己从任何威胁到这种感觉的事情中抽离出来。如果你可以通过关掉电视、审查你的谈话、远离某些人、过你自己的生活来避免世界上的一切坏事，那么，你就是少数非常幸运的人之一。你应该对此心存感激，并意识到这并不总是常态。

我们都有权利远离事物去充电和休息，这是必要的。作为一名心理医生，有时候我的日子真的很难过，因为我听到的那些故事太丧了。我得找个地方避开这一切，以便第二天可以重新回到那个情绪里。如果我一直想一直想，全天候沉浸在其中，我会精疲力竭，完全失去效率。

但是，那些生活在其中的人们呢？那些不能关掉电视或转移视线的人们呢？

我们没有责任为他们承担这些，不过，对他们的世界有更多的同理心和更深刻的理解会影响我们对他们行为的分类，改变我们看待他们的方式。当我们暗示其他人只是需要有一个更好的态度或一些更快乐的想法时，值得去问一问下面的问题：

- 他们的生活中有多少事情是不能逃避或脱离的？
- 对于那些可能成为其他人日常生活现实的事情，我能够避开什么呢？
- 我怎样才能既保护自己，又同情他人？
- 如果我每天都要面对这些问题，会不会影响我的心态？

处理困难和挣扎并不一定是“消极的”。讨论自己悲伤的人和抱怨每家餐馆的食物的人是有很大区别的。而区分这两者是很重要的。

还记得第六章的山姆吗？山姆喜欢来接受心理治疗，并跟我抱怨。他在寻找联系和认可，他知道治疗空间会给他带来这些。当我表明立场并提供建议时，我完全阻碍了山姆的抱怨进程。那不是他当时需要或想要的。如果他反复抱怨，或者我们不知道如何回应抱怨，那么抱怨就会变得令人烦恼。在本书的前面，我们讨论了抱怨如何经常使我们感到无助，并迫使听众进入固定模式。如果你生活中有人似乎经常抱怨，那么在抱怨发生的时候，有很多方法可以回应。其中有些方法更有效。我将指导你使用回应抱怨的几种最好的和最坏的方法。

在你回应抱怨之前，先回答一些自我反省的问题，可能会对你有所帮助。

- 我有什么办法可以支持对方吗？
- 我能验证它们吗？
- 我是否有同样的担忧和忧虑？
- 对方与我分享的东西是否有效？我是在这种情况下决定或者知道什么有效的人吗？
- 在这种情况下，我会感到受伤、困惑或其他具有挑战性的情绪吗？
- 我希望别人如何回应我？
- 他们只是需要时间来处理，或者，这是一个持续的主题？
- 这个人是真的在抱怨，还是在悲伤等？
- 这是一个许多人都要处理的系统性问题或常见问题吗？

这些问题的答案将帮助你决定如何应对抱怨。以下是人们回应抱怨的最常见方式。

同意或反对

根据抱怨的不同，你可以回答“同意”或“反对”。同意并不总是最好的回应方式，反对并不总是意味着你冷漠或疏远。你也不必同意别人的说法并给予认可。所以，如果我抱怨房间里的温度太低，而你很热，你可以说：“哦，你觉得冷是有道理的。你还穿着背心呢！”你不一定同意，只是在验证我的经验和我的真相。你也可以完全反对。很多人认为，如果他们要验证抱怨的内容，他们必须同意这句抱怨。在同样的情况下，你可以说：“这很奇怪，这里有 80 华氏度（26.7 摄氏度）。你为什么觉得自己很冷？你会生病吗？”不管你是同意还是不同意，你都要确保你在验证对方的现实。这个真的很有效。

辩解或否认

人们也可以用正当理由或否认来回应抱怨。这些都是在亲属抱怨中的典型反应，它们只会造成更大的分歧。假设你抱怨你的伴侣从不洗碗。他可能会以“你从来没有要求我这样做，我只是太忙了”这样的理由作为回应。或者他会完全否认你的抱怨：“你在胡说，我为你做了这么多。”辩解和否认作为对抱怨的回应，很少奏效，因为它们使对方处于防御状态。通常结果是你们都在抱怨而不是听对方说话。我会尽量避免这种情况。

同理心和积极解决问题

同理心和积极解决问题的态度确实是对抱怨的常见反应。我发现同理心或者共情是很管用的方法。你实际上可以用快速的共情反应来结束很多抱怨的恶性循环，比如"这很有道理"或者"我明白了"。"解决问题"是个棘手的问题，因为如果有人不想解决问题，实施起来有点儿困难。相信我：在你提出建议之前，确保对方真的需要这个建议或解决方案。

反抱怨

我们回应抱怨的另一种方式就是反抱怨。反抱怨是指对方抱怨的时候你也跟着抱怨。比如，我说："我的脚疼死了。"然后，你说："天哪。我也是。我得把鞋脱了。"如果做得好，这种类型的反抱怨实际上是相当有效的。这是最好的低级抱怨，因为你知道你的抱怨和对方的一样。当某人正在经历令人不安或痛苦的情绪时，不宜使用反抱怨，因为这可能导致你的优越感滋生或让你处于抱怨攀比的窘境。我会把反抱怨留给小问题，避免用于大损失、大创伤或其他类型的痛苦。这常常会让对方觉得你在攀比或者根本不理解。

保持中立或完全忽略抱怨

你最后能做的就是保持中立或者完全忽略抱怨。是的，没错，你不必回应每一个抱怨。有时候人们抱怨是因为他们想体验我们说过的宣泄情绪。实际上他们并不想从我们这里得到任何具体的信息。当有人抱怨的时候，你可以若无其事地继续闲扯。当有人抱怨去餐厅的路上交通拥堵时，这个方法很管用。我可能会说："很高兴见到你。"

如果我真的需要删除对方呢

你会因为各种各样的原因而删除生活中的很多人。也许他们的负面情绪一直指向你和你的生活，或者他们虐待你，希望你失败，或者无论你多么富有同情心和理解力，他们从来不给你的感受留出空间。有些人际关系是不安全的，我在本章中描述的交流方式不能为你服务。再说一次，你无须和那些经常伤害或者虐待你的人交往，也不必同情他们。相信自己能够识别这些人际关系，并且在需要的时候做出区分。

你也可以告诉别人，你没有空间或能力去帮助他人。有时候这是富有同情心和同理心的反应。你可能正在处理自己的事情，没有时间和资源，或者对方根本不是最好的帮助对象。当某人的情绪或存在对你没有帮助的时候，你可以马上辨别出来。边界感是你在这里最好的朋友，有很多方法可以告诉别人，你在那个特定的时间没有空间去帮助他们。

我们都有一丁点儿消极

让我们验证一下我们都在抱怨的事实吧。我们中的一些人可以少抱怨一些，而另一些人则需要更多地使用抱怨的力量。但是，抱怨并不会消失，也不是我们需要永久废除的东西。它在我们的生活中有一个真正的目的。它把我们联系起来，告诉我们什么是重要的，帮助我们处理我们的感情。有时候，我们只是需要抱怨，这没关系。

重要的是要记住：

- 有些事情让你不安，这是正常现象。这个世界有时候会让人不知所措，感到恐惧。
- 谈论对你重要的事情不是“消极”的。
- 当你需要别人聆听时，有些人不能支持你。这并不意味着你太过分或者应该停止分享。请找到对的那个人。

反省

- 我需要什么样的支持者？什么让我觉得最受支持？
- 我最擅长提供哪些类型的支持和帮助？
- 什么类型的支持或帮助最容易让我精疲力竭？
- 在我的人际关系中，我通常是付出多的人，还是付出少的人？是什么促成了这种动态？

章首语：

生活永远不会给你无法承受的苦难。

生活可能会给我们中的一些人无法自己承受的苦难。坏事不会发生在人类身上，因为他们“足够坚强”。你能搞定的！你可以承认，生活并不是公平的。有些挑战对一个人来说太大了。记得寻求帮助，你也不必一直坚强。

第八章

面带微笑的歧视

几个世纪以来，有毒的积极性和对幸福的追求一直是西方文化的驱动力。通过这本书，你已经了解了这些力量是如何渗透到社会中，并继续在宗教、医疗、科学和工作场所扮演重要角色。这种现象并不新鲜，它继续支撑着阻碍我们许多人前进的体系。

我想提醒你，本章可能很难阅读，或者让人困惑。一开始，这项研究对我来说是个挑战。我知道某些积极性的毒性很深，但我不知道它有多强大、有多普遍。很难理解“积极快乐”如何有助于维持许多这类具有挑战性的问题。我希望本章能说明有毒的积极性继续在我们的世界里维持压迫系统的多种方式。

对于某些人来说，本章也可能是一个艰难的旅程，如残疾人、慢性疾病患者、有色人种、大块头等。花点时间阅读本章内容，你也可以跳过任何感觉太沉重或不适用的段落。

在本章，我将触及一些非常私人的话题，我想分享我自己的身份，以帮助你们更好地理解我的观点。我是一个美国人，白人，三十出头的异性恋女人。我是西班牙裔，我母亲是第一代古巴裔美国人。我结婚了，我的丈夫是犹太人，我的孩子也是。从小到大，我总是有饭吃，从来不用面对真正的经济不安全感或匮乏问题。因为我的表现方式，我个人对种族主义、同性恋恐惧症、反犹太主义、体型歧视、能力歧视和阶级歧视的体验基本上是不存在的。我非常清楚这种特权。作为一个女人，我当然经历过各种各样的性别歧视，也是那些经历过许多此类偏见的人的妻子、女儿和朋友。

我知道我自己的经历会影响我讨论这些问题的方式。正因为如此，我依赖并整合了许多有洞察力的研究人员的观点，他们专门从事这些领域的研究，或者持有这些身份中的一种或兼有多重身份。我有幸作为一名临床医生，在迈阿密这样一个多元化的城市，与各种各样的人一起工作，我也利用这段经历写出了本章的内容。我不是反种族歧视教育家。我永远不会知道，以这些身份在世界中遨游是什么感觉。但我非常熟悉有毒的积极性让我们陷入困境和痛苦的方式。我的经验和研究经常告诉我：

- 我们被鼓励运用自己的思维方式来治疗疾病，而不是让医疗保健变得更容易获得。
- 我们不是在改善残疾人的无障碍环境。
- 我们没有创造更多的性别平等，而是致力于传播“幸福家庭主妇”和“拥有一切”的女性的理想，同时妖魔化“愤怒的女权主义者”。
- 我们不再关注种族平等，而是推动“让我们彼此相爱”的叙事，并继续问“为什么我们就不能和睦相处呢”，没有做出任何真正的改变或努力。
- 我们不是为不同的体型腾出空间，也不是消除饮食文化，我们说我们是在促进身体积极性和对身体的热爱，同时拒绝改变任何保持这些理想的体系。
- 我们没有接受人类参与的许多身份和关系，而是给了生活在边缘的人们足够的“快乐”，当他们不感激时，我们会感到沮丧。
- 在我们的世界里，我们不是创造更多的金融资产，而是推销快速致富的书籍，将过度工作理想化，鼓励“金融表现”，并暗示努力工作总会带来成功。

让我们深入研究，看看有毒的积极性是如何维持这些系统的，以及我们是如何走到这一步的。

终极版煤气灯效应

从本质上来说，有毒的积极性是一种加油打气的形式。它告诉人们，他们的感觉不是真实的，他们在编造，他们是唯一有这种感觉的人。我们可以在许多积极思维的文本中看到煤气灯效应。

我认识路易斯的时候，他是“吸引力法则”的忠实粉丝。讽刺的是，鉴于我在社交媒体上公开谴责这条“准则”，他选择了我作为治疗师。我们的第一节课围绕着显化法则和控制思想。作为一个人，我内心有些畏缩，但我决定小心行事，听听这些方法对他有什么好处，以及在他的生活中扮演了什么角色。老实说，我是否认可患者的处理方式并不重要。如果某种方法对他们有效，也不伤害其他任何人，那就是一种有效的技能，我将与他们合作实现他们的目标。我不需要喜欢他们的方法。

我发现，最有趣的是路易斯一周又一周地回来接受治疗，尽管他沉溺于吸引力法则、他对信仰的奉献精神及他对治疗会奏效的永恒信心。他一直选择和一个显然不怎么喜欢这些信仰的治疗师（我）坐在一起。我觉得还有别的原因，所以，我决定等他准备好了再说。

几周后，路易斯开始跟我分享他童年的创伤。在最初的治疗咨询中，他从来没有提到过这些；我的印象是，他想提高自己的积极性，变得更有效率。路易斯是一个三十多岁的男人，他表现得平静、冷静、镇定，只是想睡得更好，过上“最好的生活”。但我能感觉到，我们正在打破这种假象，只要再付出一点努力，故意放慢速度，我们就会有所收获。

路易斯和我开始谈论他和抚养他长大的祖母之间的关系。他的母亲在他十岁的时候去世了，他从来没有见过他的父亲。在第一次治疗中，路易斯说他母亲去世了，他不认识他的父亲，但总的来说，他的童年“很好，很正常”。你能看出否认的模式吗？

经过几次治疗，路易斯开始分享被虐待、被忽视和食物不安全的故事。他的童年导致了一种永不满足的欲望，那就是再也不能体会到童年时的感觉了。无论发生什么事，他总是有钱存在银行，有食物在桌子上，有一个充满积极情绪的和平之家。路易斯和吸引力法则就是这样认识的。他在寻找一个万无一失的控制方法来确保他再也不会经历那些消极情绪。这些信条把这个承诺放在一个银盘子上送给了他。

“宇宙中最强大的准则”会给他金钱、积极的想法和成群结队的幸福，只要他能专注于生活中的美好事物，忘记其他一切。路易斯使用他典型的不屈不挠的职业道德，把每件事都做“对”。他阅读书籍，想出点子，远离一切可能有损富足前景的东西，包括他自己的过去。现在只有一个难题：他无法逃避这一切。他童年经历的创伤仍然伴随着他，这种逃避只会加剧他对成年后生活的控制。路易斯很快就会发现自己睡得更少，与世隔绝，难以忍受强烈的回忆和记忆。他也开始为所有发生在他身上的事情责备自己，感觉自己就是一个“大输家”。他陷得很深，他走不出昨日的阴影。

我们在许多表现形式和吸引力法则的文本中看到的有毒的积极性并不新鲜。这是一种经典的暗示，告诉人们，没有受害者，只有共犯。有毒的积极性坚持认为偏见是被杜撰出来的，我们的思想会真的让我们生病，每个人都得到了他们想要的东西。我知道路易斯不是第一个也不是最后一个坐在我的沙发上思考这些想法的患者。我们都在寻找一种方法来获得幸福和掌控我们的生活，这些想法只要不消失，就会散发出诱人和迷人的魅力。

健康与幸福

长期以来，健康与幸福一直是相互联系的。残疾或疾病往往被视为一种负担，我们很少看到残疾人或慢性病患者在媒体中被描述为“普通人”。我们看到的通常倾向于“一个人不顾一切找到了战胜困难的方法，并实现了一切，最终在‘健全的幸福’定义中找到了幸福”的故事。我们要求残疾人和慢性病患者给予积极的态度，或者认为他们是自找苦吃，自己想成为受害者。

这个群体的成员长期以来一直是幸福政治的目标。优生学研究人员通过他们的方法承诺个人和集体的幸福，并且相信，排除积极的情绪状态对人类进化是有害的。他们忽视了当前的社会、政治和经济挑战，而只是简单地看待疾病和幸福。如果你不同意这种哲学或方法，你就会被认为是“不科学的”，最终被忽视或被抛弃。优生学运动出现在20世纪初的美国，那是一个极其黑暗的时期，那些身心有疾病或残疾的人，最终被指责为整个社会不幸福的罪魁祸首。

在整个优生学运动的鼎盛时期，患有严重疾病的人被拒绝治疗以“测试他们的适应能力”。当时，“科学研究”证明，帮助残疾人最终会对整个社会造成伤害，并导致更多的疾病和不必要的社会状况，这种做法在那个时期司空见惯。残疾人被视为“智力障碍者”，有不恰当的情绪状态，缺乏情绪控制，脾气暴躁，无法控制自己的愤怒，意志薄弱，无法将社会观念永久地牢记在心，缺乏为邻居提供良好家园的雄心壮志和精神驱动力。其核心论点是，这些人会损害更多人的幸福。所以，研究人员提出的解决方案是摆脱这些人，假装他们从来就不存在，这些做法都基于追求幸福的名义。

当时的一些心理学家认为，消灭“智力障碍者”会极大地提高每个社区的幸福感和成就感。意志薄弱只是任何精神或身体有问题的人的代名词，这些病人不能成为当前社会中有贡献、有成效、快乐的成员。这意味着把任何威胁到社会幸福的人关起来，让他们绝育，或者杀死他们。精神和身体上的疾病被视为这一时期对幸福的非常大的威胁之一，许多人认为必须做些什么来阻止这些威胁因素。

健康和幸福之间的关系在今天仍然存在极大的问题。宣传吸引力法则或显化法则的书籍通常认为，对疾病的思考或担忧，实际上会导致更多的疾病。他们也倾向于提出这样的问题：“你有没有注意到，那些谈论疾病最多的人，反而会有越来越多的疾病？”我的回答是：“我真的没有注意到。”我的职业生涯一直致力于帮助那些慢性病患者和残疾人，我的许多家庭成员都在处理这些问题。我还没有发现谈论疾病和真正生病之间的联系。我也找不到任何可靠的数据来支持这个说法。

疾病和残疾往往是由各种各样的因素之间复杂的相互作用造成的。以下是影响我们整体健康的一些最常见的因素：

- 社会经济地位。
- 医疗服务的分配。
- 环境毒素。
- 社会支持和有意义的人际关系。
- 工作压力或失业。
- 歧视。
- 宗教信仰。
- 性别。
- 社会影响。
- 吸烟。
- 食物供应及质量。
- 饮酒。
- 性安全及安全性教育。
- 疾病筛查方法。
- 压力和可用的应对技巧。
- 儿童早期发育和在儿童时期接触有压力的事件。
- 免疫系统功能。

- 神经递质、神经调节剂和激素。
- 遗传易感性。

以上因素中有许多被忽略了，或者干脆被排除在谈话之外。假装我们完全控制自己的健康要容易得多，这就是有毒的积极性如何继续支持关于健康、残疾和疾病的有害信念。我们不去研究为什么人们会生病和一直生病，或者试图创造一个残疾人和慢性病患者能够更好驾驭的世界，而是把思想和正能量作为治愈疾病的主要途径。当我们确认并接受残障身体是显示人的本性的、多层面的、值得尊重的时候，我们几乎不能容忍其经历的“消极情绪”。

萨拉·艾哈迈德（Sara Ahmed）在《幸福的承诺》（*The Promise of Happiness*）中振振有词地描述了某些身体障碍如何成为威胁或挑战我们幸福的因素。事情变得快乐还是不快乐，取决于我们给予它们的意义。纵观历史，虚弱、残疾或病态的身体被贴上了不幸福的标签。一个不符合健康传统叙事的身体的存在，迫使我们面对自己的死亡和健康状况。它使我们认识到，健康并不能给任何人保证，我们也不能完全控制自己的健康结果。当那个不完美的身体经历并表现出积极或快乐以外的情绪时，我们可能想要进一步疏远自己。

花点时间想想我们如何应对生活在疾病或残疾中的人们。我们经常期望他们适应环境，加入健全的世界，还是让他们走开呢？生病的人被告知要“早日康复”，而我们往往只有在残疾人找到了克服所有障碍的方法，通过他们的成就和恢复能力激发幸福和积极性时，才会为他们庆祝。当残疾和疾病与他们对健康和快乐的理解相关联时，人们通常只会容忍它们。把健康和快乐分开几乎是不可能的，所以，如果你不想变得健康，你最好至少要快乐。这对很多人来说是残酷的，也是完全不可能实现的。

健康和幸福不是一揽子交易。

将有毒的积极性从有关健康、疾病和残疾的对话中移除，需要我们面对许多困难的现实。我们都可能在生命中的某个时刻暂时或永久生病或残疾。健康和幸福不是一揽子交易，一个人可以过一段充实和有意义的生活，而不必满足所有预先确定的“健康”特征。

如果我们只是简单地让残疾人的身体就这样存在，会怎样呢？包括其所有的情感、缺陷，以及方方面面。如果我们允许人们表达自己并分享他们的感受，而不管他们的健康状况如何，会怎样呢？也许真正的健康意味着少关注并帮助人们在挣扎中感到快乐，而更多地关注我们的世界如何容纳和接纳有各种能力缺陷和疾病的人。我知道这个要求很苛刻，但如果我们的集体幸福都依赖于此，会怎样呢？

不领情的人们

对幸福的追求也与种族主义和反移民情绪密切相关。对“愤怒的黑人女性”“忧郁的移民者”和“模范少数族裔”的看法一直存在。科学再一次被用来以追求幸福的名义强加于这一议程。

在 20 世纪早期，情绪自我控制被视为最大的美德。科学家们提出，某些种族的情绪调节能力优于其他种族。越能控制情绪反应的群体，就越文明。科学家和领导人试图创造“进化的乌托邦，其特点是幸福的受控社会充满了高效快乐的人”。这意味着排除任何表达过多负面情绪和阻碍追求幸福的群体。

“忧郁的移民者”的形象在这个时期变得非常流行。如果你看起来很沮丧，就会被认为是缺乏智力的表现。第二次世界大战前后，在美国的移民，尤其是犹太移民，实际上被鼓励对他们的创伤和战争相关的痛苦保持沉默。如果他们不是积极的，他们就会被认为不恰当，缺乏情绪调节，最终威胁到他们在社会中的地位。移民评估还强调积极的调整和生产力，同时忽略了环境和影响（如创伤），这通常会导致移民在情绪调节或快速融入新文化方面遇到困难。移民被置于极高的标准之下，如果他们表现平平或做出任何威胁整体幸福的事情，就有可能被驱逐出较大的群体。

有毒的积极性还经常被用来压制和驱逐土著和黑人公民。其目的是防止“种族健康的个体发展出种族歧视的情绪状态和行为，这可能会损害未来幸福和健康社会的遗传基因”。这意味着种族分离，试图“保护”白人免受其他群体的“毒害”。

我们继续看到幸福感和正能量在有色人种社区和移民中被用作武器。比如，“我们就不能彼此相爱吗?”“我们都只是一个人类种族。”这些通常被用来停止有关种族主义的谈话以支持更多的“幸福感”和凝聚力。问题是，我们只考虑了一个群体的幸福和舒适，而忽视和压制了另一个群体。我们实际上是在说：“很抱歉，你受伤了，但是，你对种族主义的消极态度和反应真的让我很沮丧，所以，你能闭嘴吗?”

在积极向上的文化中，移民和有色人种应该对他们所拥有的一切心存感激，并且欣然接受开国元勋们对幸福的追求。如果他们不满意，他们可以“回到他们来的地方”。相反，我们使用积极的刻板印象来强化在这个系统中的

“大赢家”类型。我们说“她是一个坚强的黑人女性”，却不问为什么黑人女性必须如此坚强，为什么我们期望她们这样做。那些快乐的、有贡献的移民因为克服重重困难实现了美国梦的狭隘定义而受到赞誉。尽管这些刻板印象是积极的，经常被当作赞美之词，但它们对群体中不符合这些刻板印象的人来说会变得非常有限制性。

今天，种族主义和其他形式的压迫已经沦为一系列个人选择。如果有人在这个世界上不能成功，那是因为他们不够努力。他们太消极，太愤怒，太粗暴。他们不够专业，抱怨太多，不懂得感恩，不能和别人相处。指出制度中的缺陷往往被视为异议。我们奖励不屈不挠的积极态度和不惹恼任何人或不打破常规的能力。正向思维是我们维护系统和“保持和平”的方式，但是，它的基础已经开始破裂，有些人不愿意再容忍它了。

生气和表达不满往往是在社会中创造变化最有效的方法之一。积极的陈词滥调和对幸福的追求，最终被用作保证人们顺从和安静的工具。人们普遍认为，如果你制造太多噪声，你就是在威胁我的幸福，而我有权追求我的幸福。任何威胁到这种追求的东西都是消极的、不方便的，必须加以阻止。

幸福的家庭主妇和愤怒的女权主义者

长期以来，女性一直被困在有毒的积极性之中。

“幸福的家庭主妇”的角色体现了早期现代人对女性的定义，以及即使在极端情况下也要保持积极乐观的强烈期望。说到底，幸福的家庭主妇是一种幻想的影子。她是一个笑容满面、养尊处优的女人，每天晚上一边洗碗，一边微笑着把晚餐端上桌。她对自己的家庭责任感到满足和鼓舞，并努力提高整个家庭的总体幸福感。当这幅画面在20世纪50年代和60年代流行起来的时候，许多女性实际上已经在工作了。只有女性（主要是白人女性）有时间和金钱并待在家里，才能接触到这种虚幻情境。贝蒂·弗里丹（Betty Friedan）是幸福的家庭主妇幻想的批评者，她提议女性应该从家庭中解放出来。但是，根据女权主义作家贝尔·胡克斯（Bell Hooks）的说法，她没有说，当她离开家去寻找幸福时，谁将最终承担女人的责任。最终，是有色人种的妇女进入家庭来减轻白人女性的负担。这意味着只有一部分女性从幸福的家庭主妇的幻想中解放出来，而另一部分女性在追求幸福的家庭主妇的过程中不断尝试和失败。

当白人女性在家庭之外得到幸福的承诺，却找不到幸福时，这个问题仍然存在。她们的工作在报酬和责任方面仍被视为与男子不平等。性骚扰普遍存在，大多数家庭仍由妇女负责管理。幸福继续被用作维持社会中传统性别角色的工具。幸福的家庭有干净漂亮的房子、异性婚姻、守规矩的孩子，还有一个从事体面工作并且收入颇丰的父权制人物。人们认为，如果你拥有这些东西，并遵循这条道路往前走，你就会幸福。如果你没有幸福感，那就是你自己有问题。

任何选择退出这一体系的人都被视为“自带消极情绪者”和“扫兴者”。萨拉·艾哈迈德在她的《幸福的承诺》中探讨了“扫兴者”的形象。根据艾哈迈德的说法，当女权主义者破坏了通过典型的性别角色和理想家庭所承诺的幸福幻想时，她们就被视为消极的人。她经常被描述为不可爱或无法“融入”女性圈子的人。事实上，女权主义者只是在留意。只要你留意，就会注意到很多不满意的地方。

今天，我们看到幸福的家庭主妇的形象以许多不同的方式表现出来。在社交媒体上，你可能已经对“妈咪博客”很熟悉了。有成千上万的账户致力于创造和完善完美的母亲和家庭主妇的形象。这个形象的中心是一段幸福的婚姻，一个穿着得体、举止得体的孩子，以及一个能上传到

Instagram 的房子。积极的态度使人们茁壮成长。内容被广泛策划，幻想和现实之间的界限模糊不清。我们认为我们可以实现它，因为我们看不到人物形象背后的故事。策划的内容让我们感觉与人足够亲近，我们不会质疑任何事情。

还有“拥有一切”的女人的新形象。她事业有成，是个好母亲，也是个尽职的妻子。重要的是，这个女人继续保持对家庭、养育孩子和婚姻的期望，否则她将不可避免地受到批评。重点是让这一切看起来毫不费力和可行。同样，幻想和现实之间的界限在这里是非常模糊的，我们可以相信，只要有正确的态度和大量的努力，你也能做到。

我落入了这两种理想形象的陷阱。有毒的积极性在女性中十分普遍，抱怨母亲、婚姻或事业，往往被视为缺乏同情，自带消极情绪，并且忘恩负义。我明白了，如果我们每件事都做得“对”，就没有一个快乐的地方。维持这一切是如此困难，几乎是不可能的，我们当然不能每时每刻做事情，也不能完成所有的事情。寻求帮助是可以的。抱怨和感激是正常的。挑战你所学到的关于女人的一切，为自己创造一个全新的定义，这是可以接受的。不管别人对你说什么，幸福都不会存在于严格的性别角色或规范中。

像我一样，你也会快乐

在我的生活中，我没有一天不对自己的身体产生负面的想法。这是如此普遍的现象，以至于我花了很多年的时间才注意到自己什么时候在检查自己的身体或者批评自己的身体。说实话，我以为这只是女人的一部分。我母亲做到了，我所有的朋友也做到了。这是我们相处的方式，也是聊天的一个重要话题。

饮食文化和“身体接纳”通过社交媒体来到了我的家门口。我慢慢地选择不再只关注那些喝绿汁的网红们，而是用更多样化和反节食的声音来交换。我认识到自己周围的饮食文化的一刹那，突然感到震惊不已、大开眼界、自由奔放和惊心动魄。它也说明了我们多么频繁地将苗条与健康和幸福联系在一起。健康离不开对苗条或有毒的积极性的追求。它们不可避免地联系在一起，相互帮助、彼此支持。

饮食文化产业就像一头价值数十亿美元的猛犸象，向人们兜售幸福、健康和苗条的承诺。最终，该产业从我们的不安全感中获利，同时承诺将我们从中解放出来。我们不断地被告知，如果我们再战胜一份不安全感或者体重再减掉一磅，我们就会最终感到幸福。许多用于销售这些产品的广告绝大多数都充满正能量。那些微笑、乐观的人们穿过海滩，和朋友们一起欢笑。你被卖给一个永远不会实现的幻想，因为幸福不会存在于别人的身体里。如果你曾经回头去翻看自己的照片，心想："哇，我看起来真棒!"然后想起那段时间你有多自责，你很清楚我的意思。这是一个永无止境的循环。《不要为你的身体道歉》（*The Body Is Not an Apology*）的作者桑娅·蕾妮·泰勒（Sonya Renee Taylor）在她的一次现场演讲中问了一个重要的问题，以便帮助我们应对这种对幸福和苗条的掠夺性营销。她要求观众思考："谁在从我的不安全感中获利?"我喜欢这个问题。在我自己与饮食文化的斗争中，以及与患者并肩作战时，我经常使用这个问题。当我们问这个问题的时候，我们可以放弃对幸福、健康和苗条的承诺，真正看看我们的不安全感是如何被武器化的，以及如何销售一种永远不会兑现的产品。

有毒的积极性有助于维持饮食文化，但它也显示在身体积极性的领域。当我第一次接触到"身体积极性"这个概念时，我很感兴趣。我认为这比不断地批评我们的身体要好得多，当然也比节食文化好得多。但是，这也太过分了。突然之间，我们被期望去爱自己的身体，谈论和赞美自己的身体，友好地对待自己的身体。在经历了一生的节食之后，对于我和我的患者来说，身体积极性似乎太遥不可及了。这就是为什么有毒的积极性会以如此复杂的方式出现。与正面肯定类似，试图过快地对我们的身体感到过于积极会导致弊大于利。这就是为什么我放弃了身体积极性，转而拥抱身体中立和身体接纳。

2015 年，“身体中立”一词开始在网上走红。2016 年，安妮·波里尔开始在她的度假村使用它，这让它广为人知。身体中立就是看到你的身体本来的样子，并且认识到它是如何帮助你在这个世界上前进的。无论是有能力的身体还是有局限的身体，都是有价值可言的。与其专注于爱自己的身体，不如鼓励自己放下对身体的强烈情绪反应或判断。这已被证明有助于缓解焦虑、抑郁和提升整体幸福感。拥有这种心态，意味着你仍然会对自己的身体产生消极的想法，并回到旧的模式，但是，你也能够理解这种情况发生在一个以健康和幸福的名义优先考虑瘦身的世界，这并不意味着你有什么问题。

他们拥有的这么少，却很开心

我们把幸福当作一个可衡量的目标，尽管我们中的许多人对幸福的真正含义有着相反的定义。最终，拥有最多权力和资源的人是那些决定什么是幸福、如何获得幸福及允许谁获得幸福的人。这导致人们相信，最幸福的国家是最富裕和工业化程度最高的国家，尽管这一现实与许多评估截然相反。

我们还认为，财富等于幸福，一个人能够获得的财富越多，他就越有可能感到幸福。我们被告知有很多东西会带领我们走向幸福，比如一辆新车、一栋新房子、一双新鞋。所有这些通往幸福的钥匙都需要花钱，而相信这些钥匙能让我们从存在的痛苦中解脱出来的信念，已经在我们的心灵深处根深蒂固。广告利用人们对充实、幸福生活的渴望，推销据说能满足这种需求的产品。但如果这些产品没有这样的功效，会怎样呢？我们会寻找更多。也许我们只是没买对车，或者我们需要一个更大的房子，或者鞋子过时了。无论对象是什么，幸福总是转瞬即逝，或者永远不会到来。

财富和幸福之间的关系是复杂的，许多研究人员试图解释为什么有些人拥有的这么少却很开心，而有些人拥有的这么多却很痛苦。在最近的一项研究中，较高的收入与较少的日常悲伤有关，但与较多的日常快乐无关。金钱并不一定使人更快乐，但它可以使人更好地控制自己的生活，最终可以减少悲伤。

很明显，有毒的积极性在将财富等同于幸福、对穷人施加巨大的个人压力及迫使他们克服追求幸福的挑战等方面发挥了作用。我们经常听到“瞧，他们拥有的这么少，却这么开心”，以此来解释那些在西方世界得不到某些机会或资源的群体的幸福感。通过传统方式获得财富和幸福，或者接受自己无法获得幸福的事实，是一种巨大的压力。强装的感激之情经常出现在这里，那些被给予最低限度的帮助的人们，被期望保持积极的态度，并对他们拥有的任何机会而心存感激。

如果一个人不能获得财富和幸福，我们通常首先责备的就是他的态度：他不够努力，他不积极思考，他需要显化财富，他生活在“受害者”心态的阴影里。我们很少关注那些让人们陷入困境的体系，而是选择植根于有毒的积极性的个人主义理由。在有关财富的对话中，与有毒的积极性做斗争的方法，是将金钱从幸福等式中完全移除。我们知道，获得某些资源，如安全的居住环境、高质量的人际关系、适当的食物和营养及医疗保健，是幸福的基石。没有这些东西，人们将继续苦苦挣扎于幸福感和成就感的获得中。如果我们把话题从财富和幸福转向如何让事情在基本层面上更加公平，人们将能够实现他们自己的幸福。

章首语：

无论你决定在生活中做什么，一定要让自己开心。

过一种能挑战你、满足你、有意义并给你带来快乐的生活。敞开心扉接受所有的情绪和经历。发现你的价值所在，并追随它，直到尽头。要知道，生活有时会让你受伤，这才是人生的价值所在。

第九章

如何在艰难的世界中找到满足感

是的，生活是艰难的，但我们依然不必一直苦苦挣扎。幸福和痛苦都有各自的空间。我们可以为这一切腾出空间，而不必忽视好的、坏的或中性的东西。

通过阅读本书，你已经学会了如何结合适量的抱怨和感激、消极情绪和积极情绪、同理心和边界感，这可以带领你走向更充实的生活。我们知道，微笑和积极的态度并不能解决生活中突然出现的大问题。我们必须找到一种方法来为好事情和坏事情腾出空间，同时过一种符合我们独特价值观、目标和才能的生活。

选择放弃追求幸福

我们能做的第一件事就是选择放弃对幸福的不断追求。我知道，这听起来有违常理。如果我不追求幸福，我怎么会快乐呢？

让我们从下面几个问题开始：

- 如果幸福是有意义生活的关键，为什么我们中的许多人仍然痛苦不堪？
- 对幸福的不断追求真的给你带来了更多的幸福吗？
- 你生命中最快乐的时刻是什么？这些时刻还有其他情绪吗？
- 你是否在等待你终于感到幸福的那一刻？

几个世纪以来，我们的文化一直痴迷于提升幸福感，但似乎并未奏效。研究表明，越多的人把快乐看作一个目标，他们就越不快乐。与其他国家相比，美国人在寻找幸福上投入了更多的时间、精力和金钱，但我们并没有变得更幸福。根据一般社会调查，自 1972 年以来，美国人的幸福水平几乎没有变化。所以，尽管我们尽了最大的努力去变得更快乐，尽管我们所有的注意力都集中在快乐上，但有些事情还是不能奏效。

当你在谷歌上搜索“快乐的秘诀是什么”时，页面上立马出现了 4.8 亿个搜索结果。每一个都承诺了通向这个难以捉摸的目标的不同道路。虽然这些清单上有一些重叠（人际关系和感激之情通常会被提及），但每一份清单报告都植根于科学，却提供了不同的视角或方法。每项研究也考察了不同的人群，很少关注可能影响不同群体幸福感的文化因素。

你需要快乐的东西是不断发展和变化的，这取决于你住在哪里、你的性别、你的年龄及其他因素。我们一直被灌输这样的观念：通往幸福的道路不是个人的，也不是流动的。这是一个标准化的文化认可的做法，如果做得正确，将引领你走向希望之地。最常见的途径是保持健康、上学、毕业、找工作、结婚、生子、退休，然后死去。当你完成这些任务的时候，你应该表现出感激之情，拥有正确的心态，而不是抱怨。不幸的是，我们中的许多人要么无法实现这些里程碑式的目标，要么根本就不想实现。

我是一个顺着这条道路走到今天的人，我做了所有我期望的事情，终于在“正确”的时间线上，这让我获得了很多成就感和幸福的时刻，因为这是我想要的和珍惜的。如果你也走这条路，那太好了。但作为一个治疗师、朋友和家庭成员，我看到过这条道路，不断地寻找幸福，当人们无法通过规定的方式获得幸福时，就会毁灭他们，让他们感觉自己是失败者。

那么，如果不是每个人都能通过上苍给予自己的道路获得幸福，会怎样呢？如果我们被卖给了一些无法识别、无法衡量、最终无法实现的东西呢？这就是为什么我鼓励你完全放弃追求幸福。相反，专注于寻找满足感，开辟自己的道路，过符合自己价值观的生活。也许你会走“传统道路”，也许不会。两者都是好的，都是值得的。

过一种价值驱动型生活

寻找满足感需要过一种价值驱动型的生活。价值驱动型生活与幸福驱动型生活截然不同（见表9-1）。在幸福驱动型生活中，我们专注于保持良好的心情，只寻求积极和快乐的经历，并以实现幸福为最终目标。价值驱动型生活允许我们优先考虑什么对自己来说是重要的，并找到一条道路去实现它。它为这样一个事实腾出了空间：按照我们的价值观生活并不总是意味着感到幸福或美好，但它与我们是谁和我们想要什么是一致的。

表9-1　幸福驱动型生活与价值驱动型生活

幸福驱动型生活	价值驱动型生活
• 只关注那些能够提高你幸福感的事情、想法、经历和人 • 走上通往幸福的正确道路，即使这不是你想要的也无妨 • 所有痛苦或消极的想法都是对你幸福的威胁，需要消除 • 任何抱怨、不同意或挣扎的人都是在剥夺你的幸福 • 幸福被许诺给每一个全身心投入去实现它的人。如果你没有，说明你还不够努力	• 了解你生活中珍视的事物、想法、经历和人 • 搞清楚自己的价值观，这样会激励你，并有助于照亮你的道路 • 你的痛苦、抱怨和痛苦情绪常常直接指向你的价值观，并且可以被接受 • 你可以根据自己的价值观来选择人际关系，并认识到人际关系并不总是简单的或美好的 • 按照自己的价值观生活，将带领你走向幸福和奋斗的时刻。幸福和奋斗是共存的

“接纳承诺疗法”（ACT）是我最喜欢的实现价值驱动型生活的工具之一。ACT 可以帮助人们发展心理灵活性，这是一种存在于当下的能力，能够识别心理感觉和身体感觉，即使它们是不舒服或痛苦的。这种灵活性促使我们不加判断地看待我们的情感体验，而不是基于避免我们正在经历的任何不适或痛苦来做出关于生活的决定。不断地寻找幸福可能导致许多逃避心理，尤其是当我们感觉自己的消极想法将导致死亡的时候。因此，我们不再只寻找什么能带来“美好”的感觉，而是要专注于什么能让我们更接近自己的价值观。

价值驱动型生活的第一步是发现你的价值观是什么。记住，这些价值观可能会在你的一生中改变，而你今天所承诺的总是会改变的。价值观不应用作规则或指令。它们是帮助你做决定和感觉更充实的路标。

从思考你生活的四个方面的价值观开始：工作或教育、人际关系、个人成长和健康，以及休闲。不是每个人都有相同的价值观，也没有“正确”答案。问问你自己下面的问题：

- 什么是重要的？
- 我关心什么？

- 我想朝什么方向努力？
- 我的文化和家庭给我灌输了什么价值观？这些价值观对今天的我来说重要吗？

你的价值不会是一个具体的目标。相反，这是你想要的生活方式。例如，也许你的目标是每周至少花一个晚上和你的配偶在一起。做一个细心的、有兴趣的配偶，就会拥有潜在的价值，你会通过花时间和你的配偶在一起来体现这种价值。

如果你想不出自己的价值观，那就想想你想要实现的目标，以及是什么价值促使你这么做。网上也有一些很好的价值观清单，可以帮助你开始思考你的个人价值观。

如果你注意到自己是一个说重视家庭时间但却每周工作 80 小时的人，你可能需要在如何体现这种价值方面发挥创造性。这个练习也可以帮助你质疑自己的价值观，确定与家人的亲密关系是否真的比工作更重要，或者你只是认为它应该更重要。始终如一地检查自己的价值观和生活方式是个好主意。你的价值观会随着你的年龄和生活的变化而改变。你可以随时做出调整。当你按照自己的价值观生活的时候，事情就会变得更加充实，也会变得更有意义。它不会总是让你感觉“良好”，但你会知道，你和你想成为的人是一致的。

验证和鞭策

有毒的积极性的最糟糕之处在于，如果在错误的时间使用它，它会否认我们的感受，让我们感觉更糟。但有时我们确实需要一点刺激来渡过难关。也许你离完成一项大任务只有一步之遥，或者你在通往下一个目标的道路上迷失了方向。碰巧，在这些时刻，同情和验证会大有裨益。我们也需要时不时给自己打打气。

如果你从这本书中学到了什么，我希望你明白了这一点：知道什么时候需要验证，什么时候需要鞭策，这是一种巨大的力量。有时候你需要其中一个，有时候你两个都需要。我们必须知道如何编排验证和鞭策相结合的精确过程。太多的验证或太多的鞭策，都不会有好结果。

同情并验证自己的感受是非常重要的。我怎么说都不为过。这可能就是现在“验证”成为趋势的原因，以至于如果我们（或其他人）挑战一种情绪，试图展示一种不同的视角，或者可能不认为该观点是百分之百正确的，就会被视为煤气灯效应。我明白，验证很重要，非常有帮助。有时候，我们靠得太近，迷失在感情中，找不到出路。我们必须确保我们不会从有毒的积极性变成过度的验证，从而陷入困境。

让我们首先了解什么是验证，以及验证的有用之处。“验证”看起来像是“赞同”，但实际上不是。当你验证的时候，你实际上只是在说：

- 我尊重这个事实，我是一个会有很多感受的人。
- 也许现在没有意义，但这是我正在经历的事情。
- 我会感觉到这一点，让它过去，然后，要么停下来调查，要么继续前进。

在困难时刻，我们通常需要的是验证。当我和我的患者讨论一些具有挑战性的事情时，我喜欢在进入鼓舞人心的讨论之前使用验证。它帮助我们渡过难关，然后，当我们走出困境时，我们可以决定我们想要做什么。也许：

- 那是糟糕的一天或一个时刻，你将继续前进。
- 这种反应植根于其他东西，你想调查一下。
- 你只是需要一些更多的支持，然后再换个角度看问题，或者向前看。

验证是过程的开始。它引导我们走向理解或前进。这比羞耻、内疚或有毒的积极性要好得多。当我们愿意使用验证，并以一个新的视角学习一些东西时，很多好事情就会发生。

过一种价值驱动型的充实生活的关键往往在于你要知道验证什么、持续多久，以及什么时候给自己一点鞭策。试着从验证开始，直到没有任何羞耻或内疚，你已经接受了你的感觉就是自己的感觉。然后，如果你真的想实现或完成一些事情，也许你可以试着给自己一点压力。慢慢来，注意一下有没有内疚和羞愧的感觉。如果这些感觉变得更糟或者你没有动力，也许是时候鞭策自己一把了。这可能看起来是这样的：

- “我有这种感觉（感觉名称），我被允许有这种感觉。这个项目对我来说一定很重要，所以我要集中精力。”
- 注意到这种感觉后，选择散步或其他方法进行快速调整，然后回到你需要做的事情上。
- “我有一种感觉，我会允许自己稍后处理这个问题。现在，我必须挺过去。”
- 思考一下，为什么你需要或者想要完成这项任务。

这里没有精确的公式（如果有，我会摆出来的，相信我）。这一切都是为了让你了解自己的价值观和自己的目标，并学习如何应对验证和稍加鞭策。根据不同的情况，每个人都需要验证和鞭策，但比例不同。

从自助的漩涡中解脱出来

当你开始努力过一种价值驱动型生活，而不是幸福驱动型生活时，你可能想要全力以赴——今天就解决这个问题。这是我们很多人为了变得更好和感觉更好而做的事情。我想让你做的和几乎所有自助书籍告诉你的完全相反。我希望你慢慢来，休息一下，甚至偶尔放弃一下。

我知道，这听起来有违常理，但配合我一下。

我认为自我反省和努力工作有着巨大的价值，以至于我写了一整本书，每天都在社交媒体上发帖，谈论如何改善我们的心理健康。我们每个人都有自己可以学习的东西，学习可以让我们成为更好的伴侣、家庭成员、朋友和同事。有时候，如果我们想要维持生活的某些部分，我们就必须做这些工作。精神疾病和精神健康问题是真实存在的，它们需要治疗，而且往往需要专业人士的帮助才能治愈。

但人们越来越痴迷于治疗。这是他们的主要目标，也是他们生活的一部分。这就像是“正食症”（一种对健康饮食的痴迷），只不过是心理上的。他们执着于寻找一切

“根本原因”，自我诊断，并找出导致他们成年后的这种行为的童年创伤或事件。总会有一本书、一个清单、一句话或一门课程，承诺帮助你实现最好的自我。当人们感到有缺陷、失败或不足时，看似积极的自我提升方式就会出岔子。

下面是一些关键的迹象，表明治愈或自我完善的实践对某些人产生了负面影响：

- 不断寻找新事物来完善或修复自己。
- 认为自己有问题。
- 相信自己必须“治愈”或完善，才能被接受。
- 当你没有不断追求身心健康或完善时，感觉很糟糕。
- 评判那些没有不断选择治愈或完善的人。
- 不让自己感受或体验挑战性情绪，因为这意味着你还没有“痊愈”。
- 所有或大部分日常活动都围绕着健康或以某种方式提高自己。

这些只是一些迹象，我已经注意到，如果有人对治疗投入如此之深，就无法享受完整的生活。他们正朝着一个根本不存在的地方努力。在我生活的某些方面，我可以核对上面清单中的许多特征。在我成为治疗师的训练中，我一直专注于在患者面前展现最好的自己。我想成为最好的自己，因为我应该成为治疗室里的领导者和榜样。我也想让我的感觉消失，以至于我变得过度专注于修复、治愈和学习。现在我可以时不时地去看心理医生了。当我想读自助书的时候就选一本，不想读的时候就把它放下。我可以真正享受生活，体验我的情感，当有事情需要我去做的时候，我也会意识到。现在，这是一个接受和成长的过程，而不是一场完美的竞赛。

总有些事情需要修复和完善。事实上，你不必一直追求身心健康和快乐。你可以这样做：

- 看没有教育内容的电视或电影。
- 什么都不做。
- 睡觉。
- 仅仅因为食物好吃就吃。
- 读点有趣的东西。
- 活动身体，享受生活。
- 在社交媒体上盲目浏览。

说真的，吃饼干吧，看电影吧，读书吧。不是你做的每件事都必须是为了改善你的健康、你的知识、你的工作就这样，没关系。

或你的身体。就这样，没关系。进步没有终点线，也没有奖杯来奖励进步最大的人。事实上，你可能会发现，每当你“修复”一件事情时，这个世界就开始乞求你修复另一件事情。你的“最好的”和“最快乐的”自我将永远遥不可及。这不是一个你可以到达和享受的目的地。事实上，当你尽力做到最好、设定边界感、考虑他人，在需要的时候道歉、寻求帮助、按照自己的方式生活时，你就是最好的自己。完全缺乏自我意识是危险的。它会导致你失去人际关系、工作和生活的其他方面。但痴迷于自我提升也不是答案。不要害怕休息，好好享受你现在的处境。即使这意味着放下这本书，在 Instagram 上取消关注我，也没关系。说真的，如果你需要，就去做吧。

有时候一点积极的幻想确实有帮助

在某些情况下，白日梦或者积极的幻想会非常有帮助。加布里埃尔·厄廷根是一名研究人员，也是《重新思考积极思维》（*Rethinking Positive Thinking*）一书的作者，她对积极幻想和梦境对动机的影响进行了几项研究。她的研究得出了一个明确的结论：“积极的幻想、愿望和梦想脱离了对过去经历的评估，并不能转化为行动的动力，使人们朝着更有活力、更投入的生活迈进，而是背道而驰。”这意味着，如果你没有事先的证据证明你可以实现这个目标，并依靠梦想或幻想来实现它，你将不会感到更有动力。如果你想象自己在30岁（身高1.6米）的时候成为一名职业篮球运动员，想象、梦想、假装都没用，有一天你会明白，你不可能如愿以偿。

虽然她的研究确实清楚地表明，梦境和积极的幻想通常不会提高动机或导致更好的结果或表现，但这些幻想在其他情况下确实起到了重要作用。厄廷根博士发现，当我们在克服一些困难的时候，梦境或者积极的幻想可以分散我们的注意力。这个策略已经被战斗中的士兵、囚犯及处于弥留之际的将死之人使用。当我们没有机会采取行动，只需要熬过这段日子时，积极的幻想是最有用的。它提供了短期的快乐，并使人们忙于等待的过程。

积极的幻想和白日梦也可以用来在精神上体验一个目标或探索可能的途径。假设你正在幻想成为一名律师。也许你会想象自己坐在一张大办公桌前，幻想自己和同事们一起闲逛，梦想自己拿着一大笔薪水。但接着，你的思绪就会转移到深夜和花在复杂文件上的时间。你开始质疑这种幻想是否真的令人愉快。也许你根本不想当律师？积极的可视化练习可以带你走上一段弄清楚你真正想要什么和不想要什么的旅程。然后，你就可以采取行动了。

积极的想象和幻想可以帮助我们：

- 处理当下的痛苦。
- 变得有耐心。
- 在我们无法控制的情况下坚持下去。
- 体验短暂的快乐。
- 弄清楚我们的梦想和欲望。

关键是要知道什么时候该使用积极的幻想，什么时候该采取行动。

找到适合你的

没有一条通往充实生活的道路，同样，也没有一件事可以对所有人都有效。作为一名心理医生，我知道这是绝对正确的（对此，我也没什么好说的）。我们都是以不同的价值观、身份、生活经历和文化规范在世界各地行走。你永远不会找到一个适用于世界上每个人的心理学理论或一种自助实践。这也没关系。

选择放弃有毒的积极性和对幸福的不断追求，要求我们审视自己想要如何生活，以及这些选择如何影响我们周围的人。它意味着优先考虑我们自己的需求，并认识到我们周围的每个人都有自己的价值观和生活方式。我们不能决定幸福对人类来说是什么，但我们仍然可以让人们负责，设定边界感，保护我们自己的能量。选择退出快乐内卷，最终为我们所有人创造了空间，让我们能够开辟自己的道路，不再为我们快乐的根源是什么而争论不休。让心灵自由奔放吧。

当我们选择离开通往幸福的既定道路时，我们获得了更多的机会。你会感受到所有的一切：欢乐与痛苦、舒适与不适、成长与停滞。你将能够驾驭生活的波浪，并且知道没有最终的幸福目的地。就是这里。这就是我们所拥有的一切：所有的感受、起起伏伏、变化和混乱，无疑让这趟旅程变得更加有趣。

结 语

关于如何做人的温馨提示

在这本书中，我和你们分享了很多。很可能你们的一些关于幸福和积极思维的信念在这些章节中受到了挑战。我很感激你们的阅读和坦诚。我知道这并不容易。

我想留给你们一些关于如何做人的建议，当你们带着所有这些知识踏上这个世界的时候，我还想给你们一些关于如何识别有毒的积极性的小提示。我希望这能帮助你们整合所学的内容。

- 你会感受到各种各样的情绪。有些人会比其他人感觉更好。请拥抱一切情绪。
- 人类幸福的最大预测因素是人际关系的质量。回报你爱的人，设定边界感。记住，人际关系从来都不是完美的。

- 你会抱怨，会感到消极。这并不意味着你是“低共情”或“心灵不通”的人。
- 生活会挑战你，也会回报你。
- 幸福并不总是每一刻都拥有最佳情绪。
- 你并没有表现出生活中所有不好的东西，你在治愈它的过程中扮演着不可或缺的角色。
- 不是每个人都能做到一切，你的生活将会有意义、目标和快乐。
- 宇宙可能会给你更多你现在无法掌控的东西，无论如何、不管怎样，你会找到你需要的人物、地点和事物，以便管理这一切。

如何发现有毒的积极性

有毒的积极性就在我们周围，重要的是，我们不要把所有快乐或积极的事情都看成是有毒的。记住，积极性原本是没毒的，是以后变成了有毒的。我创建表 1 是为了帮助你们在现实世界中辨别有毒的积极性和有益的积极性。

表1　有毒的积极性和有益的积极性

有毒的积极性	有益的积极性
• 它告诉人们，他们不应该有现在的感觉 • 这意味着，如果人们不能在所有事情中找到希望，他们就是消极的 • 它鼓励人们总是要快乐，总是看到好的一面 • 它会结束对话或人际关系，因为我们不想有任何负能量或“心灵不通” • 它使用淡化人们正在经历的事情的短语或陈述，试图帮助他们“感觉更好”或“克服困难” • 它只看到“好的”一面，忽视“坏的”一面 • 它让人们因为糟糕的日子或者消极的时刻而感到羞愧	• 它让人们认识到看到好的一面的价值，并允许人们得出自己的有益结论，从容不迫地实现这一点 • 它让人们认识到人类有各种各样的情绪，有些比其他的更具挑战性 • 它允许人们看到一种形势的两面性——好的一面和坏的一面 • 它让人们明白，不是所有的情况都有一线希望，人们仍然会体验到快乐 • 它鼓励他人（要有边界感）和我们自己的情感表达，要知道，对于一些人来说，要体验快乐，他们往往必须处理和克服痛苦 • 它让人们注意并认识到形势的起起落落

所以，如果你在餐厅看到一个标志，写着“积极性”，那可能没问题。你在那儿是为了玩得开心！有毒的积极性就是告诉你那个抑郁的朋友：“你真的需要改善你的不良情绪，它们让我很沮丧！”看到区别了吗？

并不是所有的正能量或快乐等积极情绪都是坏的。记住，要注意讨论的节奏、听众和话题。这是鉴别某事物是不是有毒的积极性的最佳方法。

鸣　谢

我写这本耐人寻味的书作时，正值新冠肺炎疫情肆虐全球。这是我迄今为止最有意义和最具挑战性的职业经历，我相信，如果没有这么多人的支持和指导，这一切都不可能实现。

我要感谢我的丈夫，你对我工作的不懈支持和兴趣，让我在整个过程中都充满激情。拥有一个希望你成功的伴侣，并且无论发生什么事情都愿意让你成功，这绝对是上苍的恩赐。我希望我们以后的生活中能继续在生活和工作中相互支持。我们是最佳拍档。你的合同谈判技巧和法律建议贯穿我的整个创作过程，这也是一个很好的福利。

我要感谢我的儿子。在我写这本书的过程中，你给我提供了源源不断的激情和情感源泉。你让我感受到了我自己都不知道的感觉。谢谢你让我失眠。在那些宁静的早晨，我写了很多东西。我不知道你会成为什么样的人，但我永远为你感到骄傲，我希望这本书也能让你为我骄傲。

感谢我的父母，感谢你们让我明白，成长和改变总是可能的。妈妈，您是我最大的拉拉队长、我最好的朋友、我永远的支持者。您从第一天开始就支持我在 Instagram 上的图片分享，还是我发帖子的参谋、网络恶霸的最大防御者、头号拼写检查员。谢谢您成为我一直需要的家长。爸爸，看着您驾驭生活，让我明白，把自己放在第一位且学习新事物，永远都不晚。我会一天给您打十次电话、发十条短信。爸爸，您教会了我如何创造自己梦寐以求的事业。谢谢您教会我永远不要接受否定的回答，永远追求自己应得的东西。您让我明白，我完全无法遵循传统道路，也无法为别人打工。

我必须感谢我的姐姐，是她教会了我更多的适应力和如何面对有毒的积极性。看着你驾驭生活，改变方向，成为现在这个版本的自己，真是难以置信。我真为你骄傲。谢谢你每天都教我一些新的东西。

公公婆婆，感谢你们成为我的新家庭成员，总是问我工作方面的问题，为我感到兴奋。最重要的是，感谢你养育了一个我永远可以依靠的男人。我爱你们。还有我的古巴南部大家庭的其他成员，知道你们在我身后，我从未感到孤独。你们是独一无二的。

感谢我的编辑玛丽安，感谢我的经纪人劳拉·李，以及 TarcherPerigee 出版社的全体成员，非常感谢你们接纳我的想法，并自始至终给我支持。你们让我的创作过程变得简单而有趣。我欣赏你们的领导能力、专业知识和奉献精神。我将永远感激我们能够一起工作，我爱我们并肩作战的分分秒秒。

我的 Instagram 社区粉丝，你们的参与和支持促成了这本书的诞生。感谢大家的点赞、分享、评论和留言。我也要感谢我的患者，他们每一天都激励我、教导我。有幸向你们所有人学习，这是上苍的恩赐。这本书是献给你们的。

还有我所有的朋友，感谢你们一直以来的支持。你们分享了我的帖子，问了很多关于这本书的问题，还答应买这本书。我很感激你们每个人都出现在了我的生命中，有你们真好。